생존체력 향상을 위한

호신술의 과학

고영정 지음

초보자도 쉽게 배우는
유익하고 재미있는 실용 호신술!

KOONJA

호신술의 과학

첫 째 판 1쇄 인쇄 | 2021년 07월 13일
첫 째 판 1쇄 발행 | 2021년 07월 19일

지 은 이 고영정
발 행 인 장주연
출 판 기 획 한인수
책 임 편 집 임유리
표지디자인 박한나
편집디자인 박한나
일 러 스 트 김경열, 유학영
발 행 처 군자출판사
　　　　　　등록 제4-139호(1991.6.24)
　　　　　　(10881) **파주출판단지** 경기도 파주시 회동길 338(서패동 474-1)
　　　　　　전화 (031)943-1888　　팩스 (031)955-9545
　　　　　　www.koonja.co.kr

ISBN 979-11-5955-734-7

정가 17,000원

생존체력 향상을 위한

호신술의 과학

고영정 박사

✉ : koh77@hanmail.net

어린 시절부터 운동을 좋아했다. 초등학교 5학년 때 태권도를 시작하여 현재 공인 7단이다.
대학을 졸업 후, ROTC 장교로 임관하여 35사단 기동대대 소대장과 무술교관을 역임했다.
2004년부터 현재까지 도장을 운영하며, 대학에서 호신술 · 태권도 · 운동처방 등을 강의하고 있다.
가족의 행복을 최우선으로 생각하며, 운동과 무술, 그리고 건강에 관심이 많다.

- 경희대학교 체육학과 학사
- 경희대학교 체육대학원 스포츠의학과 석사
- 경희대학교 체육대학원 박사(태권도, 운동생리학)
- 경희대학교 겸임교수
- 서강대학교 · 을지대학교 외래교수
- 대한태권도협회 교육강사
- 경희대학교 체육대학 · 체육대학원 총동문회 부회장
- 중국 인체해부학 연수 수료
- 국기원 태권도연구소 객원 연구원
- 경희대학교 운동생리학 연구원
- 한국무예신문 칼럼니스트
- 국립 경찰대학교 무도연구위원 역임
- 태권도 승품 · 단 심사위원, 품새심판
- 태권도 · 합기도 지도자 자격증
- 1급 생활스포츠지도사 자격증(태권도, 보디빌딩)
- 2급 전문스포츠지도사 자격증(태권도)
- 중등교사 2급 정교사 자격증
- 저서 – 『알기 쉽게 설명한 '바른 운동'』

호신술과 운동과학의 만남

The application of
Self-defense and Sports Science

"모두가 건강하고 안전한 세상을 위해"

CONTENTS

Part 1 아는 만큼 도움이 되는 호신술 참고지식

Part 2 호신술과 운동과학의 이해

Part3 생존체력과 호신능력 향상을 위한 방법

Part4 실용 호신술 배우기

Part 5 부상과 응급처치

　　세상을 살아가면서 안전하고 평온한 일상을 유지하는 것은 인간의 가장 기본적인 욕구이다. 하지만 안타깝게도 우리는 다양한 미디어에서 사건·사고에 대한 뉴스를 자주 접하게 된다. 자신의 몸을 지키고, 나아가서 자기 주변의 소중한 사람을 보호할 수 있는 능력을 갖추기 위해서는 힘이 필요하다.

　　일반적으로 호신술은 배우기 힘들고 내용이 복잡하다는 생각을 많이 한다. 호신술은 무술을 직업으로 하는 사람만 연구하고 연습하는 것이 아니다. 일반인도 다양한 사건·사고에 대한 상황 대응을 미리 생각하고 연습한다면 위기상황에 더욱 효과적으로 대응할 수 있다. 더불어 평소에 호신술과 관련된 동작을 꾸준히 연습하면 체력이 향상되어 건강 증진에도 긍정적인 영향을 준다. 건강에 대한 관심이 많아지는 현대 사회에서 특별한 기구의 도움 없이 몸을 단련할 수 있는 호신술은 매우 매력적인 운동이다. 자신의 생활과 신체조건에 맞는 호신술 몇 가지만 꾸준히 몸에 익혀도 안전한 일상을 유지하고 건강을 증진하는 데 큰 도움이 된다.

　　운동과학의 발달로 여러 무술의 우수함이 증명되었다. 태권도, 유도, 검도와 같은 여러 무술 수련을 통해 자신의 몸을 지키는 힘을 키우고, 일상생활에 활력을 더할 수 있다. 이때 중요한 것은 자신에게 맞는 무술과 훈련방법을 선택하여 제대로 운동하는 것이다. 올바른 수련법을 모르고 무작정 운동하다가는 수련의 효율이 떨어지거나 역효과를 볼 수 있다. 어떤 무술을 익히든 수련의 효과를 제대로 보기 위해서는 체력을 효과적으로 향상하는 방법과 몸을 사용하는 방법을 체득하는 것이 중요하다. 필자는 오랜 기간 무술과 관련된 일을 하면서 자연스레 호신술에 관심을 가지게 되었고, 바른 지도법을 연구하게 되었다. 평생 무술 수련을 할 것이며, 바른 운동으로 건강하게 몸을 단련하는 것이 목표이다.

그동안 궁금한 내용을 찾아보고 연구하며 정리한 내용을 책으로 출간하기로 마음먹고, 여러 서점에서 많은 호신술 서적을 정독했다. 일단 서점에 호신술과 관련된 서적이 상당히 부족했다. 서울의 대형 서점에 가야 어렵게 찾아 읽을 수 있는 상황이었다. 아직 호신술이 대중적이지 못하고, 책으로 기술을 알리기엔 어려운 점이 많기 때문이라 생각한다. 기존의 책에서 아쉽게 느낀 점은 사진 몇 장으로 기술을 이해하기가 어려웠고, 과연 실제 상황에서 적용이 가능할까 의문이 드는 기술이 많았다. 특히 다양한 미디어의 발달로 여러 훈련 방법이 제시되고 있으나, 호신술과 같은 무술 수련이 몸에 미치는 영향을 설명하거나 과학적 접근을 다룬 서적은 매우 미미한 실정이다.

이 책은 호신술을 통해 자기보호 능력과 일상생활의 활력을 증진하고 싶은 모든 사람에게 실질적으로 보탬이 될 것이다. 그동안 경험하며 연구한 바른 운동법, 호신능력을 향상하기 위한 훈련, 그리고 위급 상황에 효과적으로 대응하는 방법을 사진과 QR 코드 영상을 사용하여 알기 쉽게 전달하기 위해 노력했다. 복잡하고 어려운 기술이 아닌, 누구나 쉽게 따라 할 수 있는 실용 호신술과 건강 증진에도 도움이 되는 맨몸 훈련법을 소개한다.

이 책을 통해 자신을 보호할 수 있는 능력을 갖추게 되기를 바라며, 바른 방법으로 몸을 단련하여 건강하고 활기찬 생활을 하는 데 보탬이 되었으면 한다.

저자 고영정

Part1

아는 만큼 도움이 되는
호신술 참고지식

Part 1

아는 만큼 도움이 되는 호신술 참고지식

●●호신술의 정의

호신술이란 나를 지키는 기술을 의미한다. 일반적으로 호신술이라고 하면 외부 공격으로부터 몸을 보호하는 기술 정도로 생각을 한다. 넓은 의미로 보면 화재나 지진, 재난 등 외부의 위급 상황에서 자신의 몸을 보호하는 기술까지 포함된다.

호신술은 실용성이 가장 우선이다. 내 몸을 지키고 상대를 제압하는데 화려한 기술은 필요 없다. 가능하면 간결하고 큰 힘을 들이지 않는 것이 좋다. 영화를 찍거나 시범이 목적이라면 큰 동작의 화려한 기술이 보기에 좋겠지만 실제 상황에서는 간결함이 최우선이다. 누구나 쉽게 사용할 수 있는 호신술이 실제 위급한 상황에서는 가장 좋은 호신술이다. 그리고 호신술은 자신을 지키고 약자를 보호하는 마음에서부터 시작되어야 한다. 강한 신체만 있고 정신수양이 되지 않으면 주변인에게 해를 끼치는 사람이 될 수 있다. 무술에서 강조되는 상대방에 대한 배려와 예의를 생각하며 호신술을 익혀야 한다.

호신술은 공격이 아닌 방어와 예방에 중점을 둔다. 가능하면 물리적 충돌 없이 상황을 모면하는 것이 현명한 방법이다.

● ● 내 인생에 호신술이 필요할까?

우리가 일상생활을 하는 데 있어서 호신술을 사용하게 될 확률이 얼마나 있을까? 평소에 위험한 곳을 가지 않고 안전하게 생활하는 습관이 몸에 배어 자신의 몸을 확실히 지켜낼 자신이 있다면 호신술을 따로 배우지 않아도 된다. 어떤 이들은 일반인에게 호신술을 가르치지 말라고 주장한다. 호신술을 사용하기 위해서는 많은 연습을 통해 익숙해져야 하는데, 몇 번 연습한 기술로 어설프게 대응했다가 오히려 큰 화를 입게 될 우려가 있기 때문이다. 어설픈 동작이 <u>꾸준한 연습을 통해 익숙하고 날카로운 동작으로 바뀌어야 한다.</u> 힘을 기를 자신이 없다면 호신용품을 지니고 다니는 편이 훨씬 효과적이다.

세상을 살아가다 보면 피치 못한 위험한 상황에 직면할 수 있다. 누구나 안전하고 평화로운 일상을 누리고 싶겠지만 위험한 상황은 예고하지 않고 찾아올 수 있다. 위급한 상황이 발생했을 때 자신의 몸은 스스로 지킬 수 있는 능력이 있어야 한다. 나아가서 내가 사랑하는 사람까지 지켜줄 수 있는 능력이 있다면 더할 나위 없다. 뉴스를 보면 범죄의 표적이 되었을 때 자신의 몸을 지키지 못해 피해를 입는 안타까운 소식을 접하게 된다. <u>호신술은 만약을 위해 익혀두는 것으로 어려운 상황에서 나를 지켜주는 보험과도 같다.</u>

세계 여러 나라에 비해 우리나라만큼 치안 걱정이 없는 나라도 흔하지 않다. 동네 곳곳에 CCTV가 설치되어 있고, 스마트폰의 대중적인 보급으로 인해 쉽게 경찰서 신고도 가능하다. 그런데도 각종 미디어에서 흉악한 범죄 사건이 끊이지 않고 있다. 살다 보면 치안이 취약한 지역에 갈 수 있고, 신고할 겨를도 없는 위급한 상황이 발생할 수 있다. 필자가 사는 곳 근처에서도 얼마 전 강력 사건이 발생하였다. 우리가 평화로운 일상생활을 영위하기 위해서는 사건과 사고 상황의 당사자가 되어서는 안 된다. 인생을 살아가는 데 있어서 호신술이 필요 없는 상황이라면 가장 좋겠지만 살다 보면 시비에 휘말릴 수 있으며, 위급 상황이 발생할 수도 있다. 또한 내가 사랑하는 사람이 위급한 상황에 놓이는 경우도 있을 수 있다. 자신의 몸을 위험으로부터 지켜내고, 내가 사랑하는 사람을 보호하기 위해서는 호신술을 익혀야 한다. 공부도 중요하고, 부귀영화도 중요하겠지만 험한 사건 · 사고에 휘말리지 않고 안전하게 사는 것이 우선이다. 호신술을 배우는 것은 <u>위급 상황에 대응할 힘과 지혜를 주는 것 외에도 몸을 건강하게 하고 자신감을 높여주는 등의 다양한 순기능이 있다.</u>

● ●주변 사람들이 나를 잘 도와줄까?

당신이 위급한 상황에 닥쳤을 때 주위에 있는 사람들이 도와주리라 생각하는가? 생각보다 많은 사람이 남의 위험 상황에 적극적으로 개입하지 않는다. 위급한 상황에서 다른 사람들이 나를 도와줄 것이라 생각했다면 지금이라도 생각을 바꾸는 것이 좋다. 심리학자들의 주장에 따르면, 도와줄 사람들이 많이 있음에도 불구하고 도와주지 않는 이유는 책임이 분산되기 때문이라고 한다. 이를 '주변인 효과'라고 부른다.

<u>위급 상황에서 도움이 필요할 때는 구체적으로 도움을 요청하는 것이 효과적이다. '특정 사람을 손으로 가리키며' 신고해달라고 외치면 막연히 도움을 청하는 것에 비해 훨씬 효과적이다.</u> 사람들은 군중심리가 있기 때문에 누군가 처음 나서게 되면 따라 하게 되는 경향이 짙다. 정말 누군가의 도움을 원한다면 제대로 도움을 요청해야 한다. 도움을 요청하고 소리를 지르는 데에도 방법이 있다(p 31, '단호한 눈빛과 소리 지르기도 훈련이 필요하다' 참고).

● ● 호신술을 배우는 목적

사람은 누구나 웰니스를 꿈꾼다. 웰니스는 웰빙(WELL-BEING)+행복(HAPPINESS)+건강(FITNESS)의 합성어이다. 웰니스를 위해서는 신체적, 정신적, 사회적으로 건강해야 한다. 호신술을 익히면 웰니스를 증진하는 데 도움이 된다.

호신술을 배우는 목적은 사람마다 다양하다. 일반적으로 호신술을 배우는 가장 큰 목적은 자신의 신체를 지키기 위함이다. 건강을 증진하거나 중요한 시범을 위해서, 또는 단순히 즐거움을 위해 호신술을 익히기도 한다.

■ 나를 보호하고, 내 주변의 소중한 사람을 지킬 수 있는 힘을 키우기 위해

뉴스를 보면 흉폭한 사건과 사고가 끊이지 않는다. 다양한 위협으로부터 내 몸을 지키는 능력은 행복한 일상생활을 영위하기 위한 기본이다. 더 나아가 자신뿐 아니라 가족과 타인의 안전까지도 지킬 수 있는 능력을 배양하기 위해 호신술을 배운다.

■ 몸과 마음의 건강을 위해

호신술 수련은 다이어트에 도움이 되고, 체력 향상에도 큰 도움이 된다. 신체적으로 건강하게 되면 자신감이 상승하게 되어 정신적으로도 건강해진다. 운동은 우울감을 완화시키고 스트레스 해소에 큰 도움이 된다는 많은 연구들이 있다. 건강은 세상의 무엇과도 바꿀 수 없는 소중한 재산이다. 호신술을 익힘으로써 신체적 건강은 물론이고 정신적인 건강까지 얻게 된다. 호신술 수련은 즐거움을 바탕으로 해야 한다. 함께하는 상대에 대한 배려를 통해 서로 교감하고, 몸과 마음이 건강해지는 즐거운 과정이라 생각하면 수련의 성과도 높다. 건강한 몸에 건전한 정신이 깃든다.

시범의 목적

많은 단체에서 시범단을 구성하여 호신술 시범을 보인다. 다양한 상황에 따른 호신술과 낙법, 그리고 발차기 시범은 무술의 강인함과 유용함을 알리는 좋은 수단이다. 많은 사람들이 처음 호신술을 배우게 되는 계기는 시범을 통한 정보의 학습으로 이루어진다. 시범을 위한 호신술 동작은 크고 화려하다. 이는 시각적으로 멋지게 보이는 것이 중요하기 때문으로 실전과는 많이 다르다.

●●호신술 수련 시 주의사항

■ 안전

개인의 능력을 벗어난 과도한 동작은 부상으로 이어진다. 무리한 연습은 삼가도록 하자. 호신술 수련 전에는 반드시 준비운동을 철저히 해야 한다. 부상을 예방하기 위해 체온을 높이고 관절의 가동 범위를 넓혀야 한다. 주변 사람들과의 경쟁 심리는 부상으로 이어지기 때문에 불필요한 경쟁은 하지 않아야 한다.

■ 예의

상대방에 대한 배려가 중요하다. 시작과 종료 시, 인사예절과 수련 시간 약속을 잘 지키도록 하자. 상대를 장난스럽게 때리거나 꺾는 행동은 금물이다. 상대가 통증을 느껴 탭(항복을 의미하는 두드림)을 치는 경우에는 신속하게 기술을 풀어야 한다. 특히 여성과 연

습 시 과도한 신체접촉은 금물이다. 신체접촉이 많은 기술은 성별을 맞추어 연습하는 것이 좋다.

■ 복장

바른 복장은 수업에 대한 바른 마음가짐이다. 실력 향상을 원하고 제대로 배우기 위해서는 적절한 복장을 갖추고 수련해야 한다. 수련에 방해가 되는 장신구는 착용하지 않는 것이 좋다. 특히 목걸이, 팔찌, 귀걸이 등은 함께 수련하는 사람을 다치게 할 수 있으니 주의한다.

● ● 호신술에 정답은 없다

호신술을 배우는 사람이 쉽게 하는 착각이 있다. 호신술만 알고 있으면 그 상황을 쉽게 벗어날 수 있을 것이라 생각한다. 다양한 호신술을 알고 있으면 위급한 상황을 모면하는데 큰 도움이 되겠지만, 여러 가지 변수가 있다. 자신의 상황과 상대의 체격 등 여러 변수를 고려해 효과적인 기술을 사용해야 한다. 지혜로운 대처로 위급 상황을 벗어날 수 있는 기술이 최고의 호신술이다.

분명한 건 다양한 상황에 대응할 수 있는 기술을 많이 알고 있으면 유리하다는 점이다. 여러 위급 상황을 조성하거나 상상하여 꾸준하게 연습하는 것이 중요하다. 위급한 상황에서 가장 효과적인 호신술은 있지만, 100% 정답인 호신술은 없다.

● ● 안전을 위한 좋은 습관 만들기

평소에 위험한 곳은 가지 말고, 취약 시간에 활동하는 것을 자제해야 한다. 통계에 따르면 사건과 사고가 많이 발생하는 시간대와 장소가 있다. 일반적으로 밤늦은 시간과 인적이 드문 곳에서 사건 · 사고가 많이 일어난다.

부모는 자녀가 안전하게 생활하기를 바란다. 등교와 하교 시 교통사고에 주의하라고 신신당부를 하고, 마음이 놓이지 않으면 차량으로 등하교를 지원하거나 부탁한다. 필자도 자식을 키우는 입장에서 어린 자식이 안전사고에 노출되지 않도록 반복적으로 교육하고 있다. 유아기와 유년기에는 부모가 안전에 각별히 신경을 써야 한다. 이후에는 본인 스스로 몸을 지킬 수 있는 힘을 키워야 한다. '세 살 버릇이 여든까지 간다'는 말이 있듯이, 내가 가지고 있는 사소한 습관이 나중에 큰 사고로 이어질 수 있다. 예를 들어 거친 운전 습관, 밤늦게 돌아다니는 습관, 불건전한 음주 습관, 쉽게 시비에 휘말리는 성향 등은 언젠가 나에게 큰 해악을 가져다 줄 수 있다. 안전하고 바른 생활 습관의 형성은 어린 시절부터 만들어야 한다.

안전을 위한 좋은 습관 만들기 예시

① 늦은 시간에 돌아다니지 않는다(특히 새벽시간!).

② 위험한 곳이나 인적이 드문 곳으로 다니지 않고, 지인에게 행선지를 알린다.

③ 평소에 당당한 자세를 가지고(체격이 커 보이고 약해 보이지 않도록), 옷차림을 단정하게 한다. 불량배들은 시각적인 판단에 의해서 피해자를 선택한다는 점을 명심하자.

④ 이동 중 스마트폰 사용을 자제한다.

⑤ 음주는 적당히 한다.

⑥ 시비가 걸려오면 대응하지 말고 피한다. 호신술을 사용하는 것은 최후의 수단이다.

⑦ 호신용품(스프레이, 호루라기나 경보기 등)을 소지하고 사용법을 미리 숙지한다.

위에 예를 든 내용이 복합적으로 이루어지지 않는다면 최악의 상황이다. 안전한 생활을 위해 주변 환경을 설정하고 생활습관을 개선해야 한다.

●●시비에 휘말리지 않는 방법

일상생활 중에서 자주 다툼이 일어나고 시비에 휘말리는 사람들은 독특한 성향이 있다. 느긋한 마음으로 양보하는 마음을 지니는 것이 중요하다.

●●어디까지 정당방위인가?

누군가 나를 공격하고 위협하는 과정에서 과잉방위가 있으면 오히려 가해자가 된다. 어디까지가 정당방위인 것인가는 법조계에서도 논란이 많다. 사회의 범죄가 점점 흉폭해지면서 범죄에 대한 정당방위를 생각해 본 사람들이 많을 것이다. 정당방위는 잘못하면 남용의 여지가 있기 때문에 최소한 개념은 알고 있어야 한다.

오래전, 필자가 운영하던 도장에 도둑이 들어온 적이 있다. 심사를 대비해 수련생들에게 줄 상품권을 준비해두었는데, 다음날 출근을 해보니 수십만 원 상당의 상품권이 없어졌다. 평소 창문의 잠금장치를 사용하지 않았던 것이 화근이었다. 낯선 발자국도 찍혀 있고 분명히 누군가 창문을 넘어 들어와 절도를 한 것이 분명했다. 발자국과 흔적이 남아 있어서 범인을 잡을 가능성이 충분히 있을 것이라 생각하고 경찰에 신고를 했으나, 결과적으로는 도둑을 잡지 못했다. 마음 같아서는 직접 도둑을 잡고 싶었으나, 경찰이 만류하였다. 자칫 잘못하면 오히려 과실치상으로 법적 처벌을 받을 수 있다는 것이었다.

아래는 정당방위에 있어서 참고해야 할 내용이다.

첫째는 타인의 불법 행위에 대해 자기나 제3자의 이익을 방위하려는 목적이어야 한다. 이 방위 행위는 침해 행위가 막 시작되려 하거나 행해지고 있는 때에만 하여야 하고, 침해가 끝난 뒤에는 할 수 없다. 둘째는 방위 행위가 이것 말고는 다른 수단이 없는 불가피하거나 부득이한 경우여야 한다. 셋째는 반격으로써 지키려는 이익과 그 반격으로 상대방에게 주는 손해가 어느 정도 균형을 이루어야 한다(대한민국 형법 제21조 참고).

위의 내용을 바탕으로 어느 정도의 대응이 정당방위로 인정받을 수 있을지 미리 생각해 볼 필요가 있다. 자칫 잘못하면 피해자가 가해자가 되는 억울한 상황이 발생할 수 있다. 공권력을 가지고 있는 경찰관도 매뉴얼에 따라 행동하며 과잉진압을 하지 않는다. 범인을 강하게 제지하다 상해를 입히면 고소를 당하는 현실이다. 그러므로 정당방위를 이해하고 현명하게 대처하는 것이 중요하다.

● ●불쾌지수와 범죄

불쾌지수는 날씨에 따라 인간이 느끼는 쾌적함의 정도를 나타내는 수치이다. 덥고 습한 기후에서는 불쾌지수가 높아서 짜증이 나기 쉽다. 이럴 때에는 사소한 일도 다툼이 된다. 우리나라의 경우, 7~8월은 일 년 중 가장 불쾌지수가 높은 시기이다. 통계에 따르면 각종 사건·사고는 겨울철에 비해 여름철에 집중된다(대검찰청 2015년 범죄분석 자료). 더운 여름철에는 신체적으로 좋은 컨디션을 유지하도록 신경 쓰고, 마음의 여유를 가지고 생활하는 지혜가 필요하다.

불쾌지수를 낮추는 방법 예시

① 가장 더운 시간에는 활동을 자제한다.

② 실내 습도를 낮춘다.

③ 수분을 수시로 섭취한다.

④ 수면에 방해가 되는 음식은 삼가한다.

● ● 호신술의 우선순위

상황에 과잉 대응했다가 싸움이 더 커질 수 있다. 똥이 더러워서 피하지 무서워서 피하랴. 상대를 제압할 자신이 있더라도 일단 '참는 것이 이기는 것'이다. 호신술의 목적은 상대를 완벽히 제압하여 굴복시키는 것이 아니다. 최대한 그 상황을 빨리 피하는 것이 좋다.

아래의 순서에 따라 지혜롭게 대응하자. 상대가 나를 잡으려 하면 먼저 몸을 움직여 피하는 것이 상책이다. 상대가 나를 잡으려는 움직임이 있으면 즉각적으로 반응하여 상대의 공격을 방어한다. 방어를 할 때는 스텝을 이용해야 효과적으로 대응할 수 있다.

❶ 시비가 걸리면 상대하지 말고 양보하자.

❷ 잡혔으면 일단 빼내어 이탈한다.

❸ 단순히 벗어나기 쉽지 않은 상황이면 꺾거나 눌러서 제압한다.

❹ 타격과 급소 찌르기는 마지막 수단이다.

●●무기 공격에 대응하는 방법

무기를 들고 있는 상대는 가능하면 대응하지 말고 피하는 것이 좋다. 상황이 가능하다면 빨리 경찰에 신고부터 한다. 방망이나 망치 정도의 둔기라면 대응해 보겠지만, 칼이나 총은 한 번의 공격으로 치명상을 입을 수 있다. 아무리 운동을 많이 하고 체력에 자신이 있는 사람이라도 무기를 들고 있는 상대에게 대응하는 것은 위험하다.

상대가 무기를 들었으면 최대한 안전한 거리를 확보해야 한다. 그리고 주변에 무기를 상대할만한 물건을 들고 대응하는 것이 효과적이다. 맨몸으로 대응하다가 큰 화를 입을 수 있다.

둔기를 들고 있는 경우라면 가장 가속도가 떨어진 상황에서 상대방을 잡아 제압한다. 방망이와 망치와 같은 둔기는 맨손보다 무게가 있기 때문에 가속도가 줄어드는 순간이 있다. 또한 손잡이 쪽으로 갈수록 회전력이 떨어져 맞더라도 충격을 덜 받는다.

●●효과적으로 도망가는 방법

위급 상황이 발생하면 피하는 것이 현명한 방법이다. 도망갈 때는 사람들이 많은 곳으로 가서 도움을 청한다. 성급한 마음에 계단을 이용해 건물 위로 올라가거나 지리적으로 익숙하지 않은 곳으로 도망가는 것은 금물이다.

단거리 달리기 능력이 우수하다는 것은 순발력과 민첩성이 뛰어나다는 의미이다. 평소 달리기 훈련은 자세를 정확히 알고 연습하는 것이 좋다. 시선은 정면을 보고 팔을 크게 휘두르며, 무릎을 높이는 달리기 자세를 정확하게 익히자. 단거리 달리기를 잘하기 위해서는 언덕 달리기를 추천한다. 달리기 시 대퇴이두근(허벅지 뒷부분의 근육)은 가장 직접적으로 작용하는 근육으로. 언덕 달리기는 대퇴이두근을 직접적으로 단련할 수 있는 좋은 훈련이다.

도망은 최대한 민첩하게 해야 성공 확률이 높다. 도망가기 전에 공격을 할 때는 힘을 충분히 빼는 것이 좋다. 아무리 좋은 기술이라도 상대방이 기술을 눈치채고 방어태세를 갖추면 호신기술을 적용하기 힘들다. 특히 상대가 나보다 체격이 크거나 힘이 좋다면 더욱 더 그렇다. 능청도 기술이다. 상대방이 눈치채지 못하도록 말을 걸거나, 시선을 다른 곳에 두다가 빠르게 기술을 거는 것이 요령이다.

●●나의 기본 호신능력은?

위급 상황을 대비해서 내가 어느 정도의 호신능력을 가지고 있는지 인지하고 있어야 한다. 일반적으로 피지컬이 좋은(키가 크고 덩치가 큰) 사람은 상대적으로 왜소한 사람에 비해 기본 호신능력이 좋은 편이다.

체격이 작은 사람은 큰 사람에 비해 상대적으로 호신능력이 약하지만, 후천적인 노력을 통해 강해질 수 있다. 성인이 되면 키는 자라지 않지만, 체력은 얼마든지 키울 수 있다. 체력을 키우면 기본 호신능력도 향상된다. 다양한 체력의 요소 중에서 특히 호신능력과 밀접한 관계가 있는 근력과 순발력, 그리고 민첩성을 키우면 좋다. 아래의 내용은 나이, 성별, 환경 등에 따라서 기준이 다르므로 절대적인 기준이 아니다. 참고하여 기본 호신능력을 체크해보자.

• 체격이 큰 편이다.	(2, 4, 6, 8, 10점)
• 무술 단증이 있다.	(1단 6점, 2단 8점, 3단 이상 10점)
• 단거리 달리기에 자신이 있다.	(2, 4, 6, 8, 10점)
• 공 던지기에 자신이 있다.	(2, 4, 6, 8, 10점)
• 점프력이 좋은 편이다.	(2, 4, 6, 8, 10점)
• 팔씨름에 자신이 있다.	(2, 4, 6, 8, 10점)
• 평소에 스포츠를 즐긴다.	(2, 4, 6, 8, 10점)
• 위험한 장소는 피하는 편이다.	(2, 4, 6, 8, 10점)
• 위급 상황에 대한 기초적인 대응법을 알고 있다.	(2, 4, 6, 8, 10점)
• 누군가 불편함을 끼칠 때 하지 말라는 말을 자신 있게 할 수 있다.	(2, 4, 6, 8, 10점)

★ 총 100점 만점 중 당신의 기본 호신능력은 몇 점인가?

　1~60점: 기본 호신능력이 약함

　61~80점: 기본 호신능력 보통

　81~100점: 기본 호신능력 좋음

● ● 어린이와 여성의 호신술

　호신술에는 여러 가지 신체동작이 포함된다. 넘어질 때 자신을 보호하는 낙법, 발차기, 주먹 지르기, 그리고 체력운동은 남녀노소 누구에게나 호신능력 향상에 큰 도움이 된다. 하지만 어린이나 여성이 상대적으로 강한 근력을 가진 상대를 제압하겠다는 마음을 가지는 것은 신중해야 한다. 특히 팔을 꺾어 제압하거나 상대의 목을 조르는 등의 연습은 각별히 주의해야 한다. 어린이는 성인에 비해 인지능력이 미숙하여 기술을 완벽하게 이해하기가 어렵다. 연습 중에도 성인에 비해 부상의 위험성이 높다. 또한 여성은 남성에 비해 상대적으로 근력이 약하다. 호르몬의 차이 때문에 남성만큼 쉽게 근력을 키우기도 어렵다. 근력이 약한 어린이와 여성에게는 상황을 모면할 수 있는 요령과 급소를 공격하는 방법을 교육하는 것이 효과적이다.

여성이나 체격이 작은 어린이는 큰 상대가 물리적인 위협을 가하면 호신술을 사용해도 상대를 제압하기가 어렵다. 안전한 생활을 습관화하고 우범지대에 가지 않는 것이 중요하다.

어린이 실용 호신술의 예시

① 동네에서 낯선 사람이 데려가려고 말을 걸면 근처에 지나가는 어른들에게 "엄마"나 "아빠"라고 크게 불러라. 낯선 사람은 본인이 진짜 엄마인지 아빠인지 모른다. 무작정 소리만 지르는 것보다 훨씬 효과적이다.

② 낯선 사람이 따라오면 평소 알고 있던 가게에 들어가서 도움을 청한다. 필자가 운영하는 도장도 경찰서에서 지정한 안전지킴이 집이다. 주로 1층에 위치한 약국이나 문구점 등에 안전지킴이 집이 있으니 미리 위치를 파악해두면 좋다.

③ 손목 빼기는 가장 간단하면서 실용적인 호신술이다. 호신술의 여러 기술 중에서 가장 성공률이 높은 기술이다. 요령만 터득하면 덩치가 작은 어린아이도 쉽게 배울 수 있다(p 131-134, '한 손으로 손목이 잡혔을 때' 및 '양손으로 손목이 잡혔을 때' 참고).

④ 이도 저도 할 수 없는 상황이라면 소리를 지르거나 눈 찌르기 밖에 없다. 눈은 단련할 수 없는 급소이다.

● ● 위급 상황을 미리 상상해보자

운동선수가 경기를 미리 상상하거나 중요한 발표를 앞둔 사람이 상황을 미리 상상해보는 이미지 트레이닝은 호신술에서도 적용된다.

누구나 낯선 상황이나 위급한 상황에 직면하면 교감신경이 활성화되어 긴장하게 된다. 너무 심하게 긴장하면 자신도 모르게 몸이 경직되는데, 이를 '긴장성 부동화'라고 한다. 긴장성 부동화가 되면 심박수가 빨라지고 동공이 확대된다. 그리고 이성적으로 판단하지 못하게 될 수 있다. 남성에 비해 여성이 더 빈발하며, 위급 상황이 지나고 나면 적극적으로 대처하지 못한 것에 대한 후회가 남는다. 위급한 상황을 조성하여 연습하는 것이 효과적이나 현실적인 어려움이 많다. 상황을 머릿속으로 미리 상상하고 대처법을 생각해두면 실제 상황이 발생했을 때 침착하게 대응하는 것이 가능하다. 위급 상황에 가슴 펴고 당당하게 대처할 수 있는 방법을 미리 생각하는 이미지 트레이닝은 호신능력을 높이는 좋은 방법이다. 소매치기, 성추행, 강도나 깡패를 만난 경우, 또는 화재가 일어나거나, 무서운 개가 따라오는 경우 등 다양한 상황을 미리 상상하고 대응 방법을 생각해보자.

● ● 무술 지도자는 왜 기합을 강조할까?

태권도를 비롯한 많은 무술 지도자들이 수련 시 기합을 크게 넣을 것을 강조한다. 때로는 수련생들에게 기합을 크게 넣으라고 강요하며, 소리가 작은 경우에는 다른 의미의 기합인 얼차려를 주기도 한다. 지도자들은 수련 중 기합을 왜 강조하는 것일까?

기합의 일반적인 의미는 어떠한 힘을 내기 위해서 흐트러진 몸과 마음을 집중하기 위한 표현이라 말할 수 있다. 기합이 중요한 이유는 신체적, 정신적 이점이 있기 때문이다.

운동 수행 시 기합을 넣으면 근육에 일시적으로 힘이 생긴다. 기합은 목에서만 내는 것이 아니라 배에 힘을 주고 넣어야 한다. 목에서만 나오는 기합은 성대만 손상시키고 생리적 이점이 미미하다. 배에 힘을 주고 기합을 넣게 되면 내장기관을 둘러싸고 있는 복막이 자극을 받아서 복압이 상승하게 된다. 상승된 복압은 뇌로부터 내려오는 척수신경에 자극을 주고, 교감신경을 활성화시켜 아드레날린 분비를 촉진시킨다. 아드레날린은 심장박동과 혈류량을 증가시키고, 일정 시간 동안 몸을 각성 상태에 이르게 한다. 이러한 이유로 기합을 넣게 되면 평소보다 강한 근육의 힘을 낼 수 있게 된다. 또한 상대를 때리는 순간에 큰 기합을 넣게 되면 평소보다 강한 타격력을 낼 수 있다.

기합을 넣으면 도움이 되는 스포츠 종목이 많이 있다. 투수가 공을 던질 때, 배구 선수가 스파이크를 때릴 때, 역도 선수가 바벨을 들어 올릴 때 등 순간적으로 큰 힘을 요구하는 종목에서 많은 선수들이 기합을 넣는다.

기합은 자신감을 상승시키고 상대방의 기선을 제압하는 데 도움이 된다. 기합은 운동수행 전의 습관적인 행동절차로 좋은 경기력을 발휘하기 위한 루틴의 한 부분이 되기도 한다. 기합도 반복적으로 연습을 하면 몸의 움직임과 연동되어 숙련된다. 실제로 기합소리만 들어봐도 전투력이 가늠되기도 한다. 기합을 넣어 생긴 근육의 힘은 자신감 상승과 연결되며, 높아진 자신감의 표출은 상대를 심리적으로 자극한다. 특히 상대방과 대치하는 상황에서 기합을 넣어 자신감을 표출하면 상대방의 기선을 제압하는데 도움이 된다.

누구나 위급한 상황이 되면 순간적으로 몸이 경직되어 마음대로 움직이지 못하게 되는 상황이 발생할 수 있다. 이를 해소하기 위한 가장 효과적인 방법이 소리를 크게 지르는 것이다. 평소 기합을 크게 내는 훈련이 된 사람이라면 쉽게 대응할 수 있다.

● ●단호한 눈빛과 소리 지르기도 훈련이 필요하다

범죄 심리학자들의 연구에 따르면 범죄자들은 소리에 민감하고, 자신이 범행을 저지르려고 하는데 상대가 소리를 지르면 크게 당황한다고 한다.

기질적으로 남에게 싫은 소리를 하지 못하고 얌전한 성격을 가진 사람이 있다. 이들은 일상생활에서도 누군가에게 큰 소리를 내는 경우가 없으며, 위급한 상황에서도 강하게 소리를 지르지 못한다. 이런 성격의 소유자라면 단호한 눈빛을 만들고, 목소리를 크게 내는 훈련부터 해야 한다. 심리적으로 위축이 된 상황에서는 큰 소리를 내기가 쉽지 않다.

무술가의 기합 소리에는 일반인들과 다른 힘이 느껴진다. 소리를 지르는 것도 결국 오랜 시간 훈련이 되어야 한다. 소리 지르기는 목으로만 하는 것이 아니다. 소리를 낼 수 있는 몸의 근육이 전부 작용해야 한다. 특히 복부의 근육이 많이 작용한다.

누군가의 도움을 받고자 한다면 제대로 요청해야 한다. 생각보다 주위 사람들은 남의 위급 상황에 쉽게 나서지 않는다. 위급한 상황을 방관하는 사람들의 심리를 살펴보면 '나 말고도 다른 사람이 있는데', 또는 '괜히 끼어들어 나에게까지 피해가 갈까봐'라는 생각이 있다. 도와주지 않는 사람들의 심리 때문에, 도움을 요청할 때는 구체적으로 요청하는 것이 효과적이다.

예를 들어 "○○엄마 도와주세요", "○○야 도와줘" 등으로 도움을 청하면(생각나는 아무 이름이나 크게 부른다) 가해자의 착각을 유발하여 공격 의지를 없앨 수 있다.

사람들이 붐비는 버스나 지하철에서 추행을 당했을 경우에는 단호한 표정으로 소리를 지른다. 동시에 손가락으로 지목하거나 가해자의 손목이나 팔을 잡는 것이 효과적이다. 요즘에는 스마트폰이 잘 보급되어 있으니 현장을 촬영하는 것도 좋은 방법이지만, 이렇게 자신감 있게 행동하는 것이 쉬운 일이 아니다. 앞서 말한 바와 같이 상황을 미리 상상하여 이미지 트레이닝을 하는 것이 도움이 된다.

● ●호신능력을 높이는 자신감 훈련

범죄의 표적이 되는 사람들은 주로 외적으로 자신감이 없어 보이는 표정과 자세를 가진다. 범죄자는 약자에게 강하고 강자에겐 약한 모습을 보이는 비겁한 성향을 가진다. 지난 학창 시절을 생각해 보자. 반에서 힘 좀 쓴다고 친구들을 괴롭히는 녀석들은 꼭 자기보다 약한 친구나 후배를 괴롭혔다. 덩치가 작더라도 자기 의견을 또박또박 말하고 강한 눈빛을 가진 친구들은 괴롭힘의 대상이 되지 않았다.

자신감을 가지기 위해서는 의식적인 노력이 필요하다. 평소에 가슴을 펴고 생활하자. 가슴을 펴고 생활하는 사람은 시각적으로도 당당해 보이고 강해 보인다. 자세가 구부정하면 긴장감을 일으키는 호르몬이 나온다는 연구 결과도 있다. 무술을 수련하거나 꾸준한 운동을 하는 것도 자신감을 향상시키는데 큰 도움이 된다. 체력이 좋아지면 생활에 자신감이 향상된다. 운동을 통해 향상되는 다양한 체력의 요소 중 근력과 순발력의 향상은 직접적으로 호신능력 향상과 연관이 있고 자신감을 높여준다.

● ● 일단 체력을 키우자

최근에는 생존체력이라는 신조어가 생겼다. <u>생존을 위한 최소한의 체력, 넓은 의미로는 어떠한 상황에서도 생존할 수 있는 체력을 의미한다.</u> 위급한 상황에서 몸을 안전하게 보호하고 자신의 몸을 살리는 것은 생존체력이 강할수록 유리하다. 생존체력을 높이려면 평소에 꾸준한 훈련을 해야 한다. 운동을 통해 체력을 키우면 여러 생활에 큰 경쟁력이 된다.

체력이란, 사전적인 의미로 육체적 활동을 할 수 있는 몸의 힘, 또는 외부의 환경에 대한 몸의 저항능력을 의미한다. 체력은 크게 두 가지로 나뉜다. 살아가는 데 필요한 체력 요소인 건강체력(유연성, 근력, 지구력 등)과 전문적인 운동기술을 향상하는데 필요한 기술체력(순발력, 민첩성, 협응력 등)이다.

좋은 기술을 수백 가지 알고 있어도 체력이 없으면 무용지물이다. 특히 호신능력을 높이기 위해서는 근력(근육의 힘)과 순발력(순간적으로 낼 수 있는 근육의 힘)의 향상이 중요하다. 예를 들어 초등학생이나 여성의 경우, 아무리 많은 호신술을 익혔다고 하더라도 근력과 순발력이 상대적으로 강한 사람에게 호신술을 적용하기는 어렵다. 호신능력 향상을 위해서는 근력운동과 다양한 체력운동이 병행되어야 한다. 자신에게 맞는 체력 향상 프로그램을 계획하여 훈련하는 것이 좋다. 체력 트레이닝은 자신의 체형과 성향, 그리고 환경 등을 종합적으로 고려해야 한다.

체력을 키우기 위해 전문적인 트레이닝 센터를 찾아 훈련하는 것이 좋지만, 집에 있는 간단한 운동기구만으로도 호신능력 향상을 위한 다양한 체력을 키울 수 있다(p.77, '근력 향상을 위한 홈트레이닝' 참고).

● ● 체력의 구성 요소와 훈련법

호신능력이 향상되기 위해서는 체력의 특성을 알아야 한다. 건강을 위해 중요한 체력의 요소가 있고, 호신능력 향상을 위해 더욱 필요한 체력의 요소가 있다. 자신이 어떤 체력이 좋고 나쁜지 파악하고, 약한 체력을 강화해야 한다. 일반적으로 기초체력이 좋으면 호신능력도 좋다. 사람의 일생 중 20대 때 근력과 순발력을 비롯한 전반적인 체력이 가장 좋다. 근력은 근육의 단면적과 비례하기 때문에 일반적으로 체격이 큰 사람이 작은 사람에 비해 상대적으로 근력이 좋다. 그러나 체격이 작은 사람도 운동을 통해 체력을 키운다면 충분히 강해질 수 있다. 나이가 들어도 자신의 체력을 유지하기 위해서는 꾸준한 자기 관리가 중요하다. 체력의 구성 요소는 여러 가지가 있다. 여러 체력의 구성 요소 중에서 호신술에 필요한 주요 체력은 근력, 순발력, 민첩성으로 요약할 수 있다.

■ 근력

근력이란, 근육의 힘을 말한다. 위급한 상황에서 이탈하거나 제압할 때 필요하다. 근력을 키우기 위해서는 웨이트 트레이닝이 가장 효과적이다. 집에서 할 수 있는 맨몸운동도 근력을 키우는데 좋다. 팔굽혀펴기, 윗몸일으키기, 스쿼트와 같은 기본적인 맨몸운동으로도 근력을 강화할 수 있다. 근력 운동의 핵심은 점진적인 과부하이다.

■ 순발력

순발력이란, 한 번에 낼 수 있는 근육의 힘을 말한다. 순간적으로 강한 힘을 발휘하여 달리고, 뛰고, 차는 능력이다. 순발력이 좋은 사람은 강한 타격이 가능하다. 일반적인 근력운동 프로그램에 점프 동작을 추가하면 순발력 향상에 도움이 된다. 줄넘기를 이용하여 이중뛰기를 하거나 제자리 뛰며 무릎 가슴 닿기 운동 등이 순발력 향상에 도움이 된다.

▬ 민첩성

빠르게 동작의 형태나 방향을 전환할 수 있는 능력이다. 동작이 빠르지 않으면 상대에게 반격당하기 쉽다. 빠른 동작으로 상대의 허점을 노리고, 한 번에 기술을 완성해야 한다. 민첩성은 다양한 스텝, 줄넘기, 피하기 훈련 등으로 강화할 수 있다.

이외에도 유연성, 근지구력, 심폐지구력, 평형성, 협응력, 고유감각 등의 체력의 구성 요소가 있다. 다양한 체력의 구성 요소 중에서 나에게 부족한 부분이 어떤 체력인지 이해하고 보완하면 호신능력 향상뿐만 아니라 건강을 위해서도 좋다.

Part2

호신술과
운동과학의 이해

Part2
호신술과 운동과학의 이해

호신능력을 키우기 위해서는 운동과학(움직임의 원리, 생리학, 해부학 등)에 대한 공부가 도움이 된다. 기술에 대한 동작을 이해하고, 효과적인 방법으로 꾸준히 연습하면 덩치가 작은 사람도 큰 사람을 제압할 수 있다.

●●상대를 쉽게 제압하기 위한 호신술의 원리

■ 상대의 힘을 이용하라

맞붙어서 서로 밀고 당기는 상황이라면 힘이 좋은 사람이 절대적으로 유리하다. 상대가 미는 힘을 이용하여 당기고, 당기는 힘을 이용해 밀면 나보다 큰 상대를 효과적으로 제압할 수 있다. 상대가 힘이 강할 경우에는 민첩한 하체의 움직임을 통해 기술을 걸어야 한다. 스텝과 밀고 당기기 연습을 통해 상대방의 힘을 역이용하는 연습을 꾸준히 해야 한다.

지렛대의 원리를 이용하라

지렛대의 원리를 이용하면 작은 힘으로도 큰 힘을 발휘한다. 지레를 이용하여 큰 물건을 옮기기 위해서는 지레 받침점의 위치가 중요하다. 호신술도 상대의 팔이나 다리 등을 꺾기 위해 지렛대의 원리를 이용한다. 꺾는 힘을 적절한 위치에 적용해야 작은 사람이 큰 사람을 제압할 수 있다.

격투기 경기를 보면 암바에 걸려 경기를 포기하는 선수들이 많다. 암바에 걸린 상황이 얼마나 버티기 힘든 상황인지는 직접 기술에 걸려보지 않고는 모른다. 암바는 지렛대의 원리를 이용한 대표적인 동작이다. 상대의 엄지손가락이 하늘 방향을 향하도록 비트는 것이 핵심이다. 상대의 엄지손가락이 하늘 방향이 되도록 하는 이유는 팔을 굽히는 근육(이두근, 상완근 등)이 제대로 작동하지 못하도록 하기 위함이다.

회전력을 이용하라

상대방을 타격하거나 제압할 때 회전력을 효과적으로 이용해야 한다. 야구 선수는 공을 던질 때 예비동작으로 커다란 원을 그리면서 공을 던진다. 회전력을 이용해 공을 강하게 던지는 것이다. 손을 이용한 공격과 발차기도 회전력을 더하면 더욱 강해진다. 몸을 뒤로 돌려 회전하면서 나오는 발차기와 손, 팔꿈치 공격은 타격력이 강하면서 상대의 의표(전혀 생각하지 않았던 것)를 찌를 수 있다. 회전력을 잘 이용하여 타격하거나 제압하는 사람들을 '몸을 잘 사용한다'라고 표현한다. 호신술을 잘하기 위해서는 몸을 잘 사용해야 한다. 방어에서도 회전력을 이용하여 상대의 힘을 흘리는 것이 중요하다.

미리 예측하고, 거리 조절 능력을 키워라

공격 동작에는 약점이 존재한다. 공격을 할 때 상대의 약한 부분을 가격하고 제압한다. 예리한 판단과 과감한 동작이 필요하다. 특히 타격에 있어서 상대방의 공격 타이밍을 예측하고 거리를 조절하는 능력은 중요하다. 아무리 좋은 힘을 가진 사람이라도 상대방의 공격 타이밍을 알지 못하고 거리 조절 능력이 없다면 무용지물이다. 상대방의 움직임을 미리 예상한다는 것은 쉬운 일이 아니지만 꾸준한 연습을 통해 상대방의 움직임 패턴을 예상할 수 있다. 반복 연습을 통해 몸을 빠르게 움직이는 연습을 하고, 빠른 스텝을 이용한 거리와 각도 조절 능력을 키우는 것이 중요하다.

▅▅ 중심을 낮춰라

중심이 높으면 안정감이 떨어진다. 상대방과 힘을 겨룰 때에는 안정된 자세에서 상대의 중심을 무너뜨리는 연습이 필요하다. 타격 상황에서도 몸의 중심이 낮아야 민첩한 동작이 가능하다.

●●효과적인 타격의 원리

타격을 잘한다는 것은 자신의 신체를 활용하여 때리는 부위에 체중을 효과적으로 전달한다는 것이다.

■ 강한 곳으로 상대의 약한 곳을 공격하라

인체의 단단한 부분인 주먹, 무릎, 팔꿈치, 이마 등을 이용하여 상대방의 약한 부분을 때린다. 위협을 가하는 사람을 강하게 때리려면 타격이 이루어지는 부분의 면적이 작고 단단해야 한다. 같은 힘으로 손바닥을 휘두르는 것과 단단하게 말아 쥔 주먹을 휘두르는 것을 비교했을 때의 차이를 생각해 본다면 주먹을 단단하게 쥐는 것이 왜 중요한지 알 수 있다. 그렇기 때문에 바르게 주먹을 쥐는 방법을 알고 있어야 하며, 손과 발을 단단하

게 만드는 연습이 필요하다(p 99, '단단한 주먹과 손날 만들기' 참고)

■ 하체의 힘을 끌어올려 부드럽게 발산하라

주먹을 지를 때의 강한 파괴력은 발에서부터 시작된다. 단순히 팔의 힘만으로 주먹을 지르면 파괴력이 약하다. 작용과 반작용의 원리를 이용하여, 발로 지면을 강하게 밀수록 주먹의 파괴력이 커진다. 발에서부터 시작한 힘이 허벅지→허리→가슴→팔을 거쳐 주먹에 실려야 한다.

강한 타격을 위해서는 힘을 빼는 것이 중요하다. 상대를 타격하기 전에 잔뜩 힘을 주고 있으면 상대가 눈치챌 뿐만 아니라 오히려 타격력이 떨어진다. 손 격파나 발차기 고수들의 예비동작을 살펴보면, 힘을 빼고 있다가 타격 순간에 힘을 넣어준다. 이들은 하체의 움직임을 잘 이용하여 손끝과 발끝에 힘을 전달하는 능력이 탁월하다.

　　상대방을 타격할 때는 불필요한 근육의 힘을 빼고 필요한 근육만 사용해야 한다. 야구, 골프, 테니스 등의 스포츠 지도자들이 어깨의 힘을 빼라는 말을 자주 한다. 이는 불필요한 근육의 긴장을 풀고 치는 순간에 힘을 집중하라는 의미이다.

　　하체의 힘을 끌어올려 상체로 전달하는 경우에는 허리의 움직임이 중요하다. 허리의 회전력을 통해 타격 부위에 순간적으로 힘을 전달한다.

■ 관성을 이용하라

관성이란, 물체가 외부로부터 힘을 받지 않을 때 처음의 운동 상태를 계속 유지하려는 성질을 말한다. 발차기를 하거나 주먹 지르기를 할 때 걸어가는 추진력을 만들면 더 높고 강한 타격이 가능하다. 강한 타격을 위해 관성을 이용하는 경우에는 속도를 서서히 끌어올려야 한다. 야구선수의 와인드업이 서서히 이루어지듯이, 타격을 위한 예비동작을 너무 급하게 하면 힘이 모이지 않는다. 몸의 회전력을 이용한 발차기는 제자리에서 차는 발차기보다 훨씬 더 큰 파괴력이 있다. 발을 이용한 격파를 할 경우, 나아가는 힘과 회전력을 더한 힘이 한 곳에 정확하게 집중되었을 때 가장 큰 힘이 생긴다.

관성을 이용한 앞차기

관성을 이용한 옆차기_ 옆차기에 회전관성을 더한 뒤차기는 더 큰 파괴력을 낼 수 있다.

▬▬ 회전과 임팩트를 사용하라

임팩트란 '힘을 강조하는 것'을 의미한다. 때리는 순간에 회전력을 일으켜 힘을 극대화하는 것이다. 예를 들어 허리에서 시작되는 주먹 지르기의 경우, 마지막 3분의 1지점에서 주먹을 회전시켜 타격력을 높이는 방법이다. 미트를 끊어 치는 연습을 하면 임팩트 능력 향상에 도움이 된다.

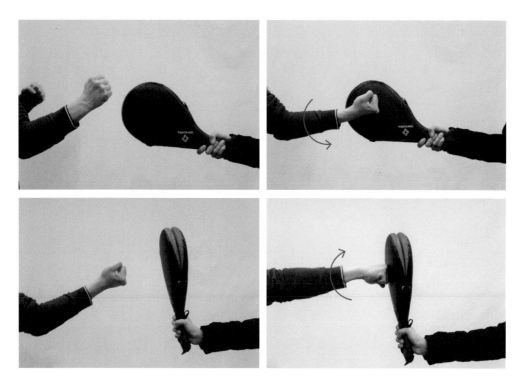

● ● 급소의 이해(p 49 그림 참고)

스포츠 경기에서 급소 공격은 반칙이다. 상대에게 큰 부상을 입히기 때문이다. 그러나 여성이나 노약자처럼 힘이 약한 사람이 위급상황에서 내 몸을 지키기 위해서는 급소 공격이 효과적이다. 급소는 외부로부터의 공격에 상대적으로 민감하여 정도에 따라 목숨이 좌우되는 부위이다. 격투기 경기에서도 급소 공격은 금지되어 있다. 급소는 일반적으로 몸의 중심부에 많이 있다. 위급 상황에서 상대를 가격해야 하는 경우에 같은 힘이라면 급소를 치는 것이 효과적이다. 인체에 있어서 상대적으로 취약한 낭심이나 명치, 인중과 같은 급소를 타격하여 위급상황에서 벗어날 수 있다.

사람은 물리적인 위험이 느껴질 때 본능적으로 급소를 방어하려고 한다. 급소를 공격하기 위해서는 단번에 정확히 공격해야 한다. 급소를 공격할 때 속임 동작과 함께하면 성공할 확률이 높다.

몸통에 있는 급소는 의복으로 겹겹이 싸인 경우가 많아서 공격에 성공하기 어렵다. 반면, 얼굴에 있는 급소는 위급한 상황에서 쉽게 공격할 수 있다. 눈 찌르기와 같은 동작은 간결하고 쉬운 호신술이지만 최후의 순간에 사용해야 한다. 아주 위급한 상황이 아닐 때 함부로 눈을 찔렀다가는 과잉방위로 가해자가 되는 점을 명심해야 한다.

■ 얼굴 급소

❶ 인중은 코와 입술 사이로, 제대로 맞을 경우 치아가 파손될 수 있다.

❷ 관자놀이는 눈과 귀 사이의 움푹 들어간 곳으로, 머리뼈가 쉽게 보호하지 못하는 부분이다. 맞으면 뇌가 흔들려 큰 충격을 입거나 기절할 수 있다.

❸ 모든 턱 부위가 충격에 취약하다. 특히 옆 턱을 맞으면 앞 턱에 비해 머리가 좌우로 크게 흔들리게 되어 큰 충격을 받는다.

❹ 목을 맞으면 경동맥에 충격이 전달되고, 뇌로 가는 혈류를 방해해 실신할 수 있다. 일반적으로 목젖이라고 불리는 울대뼈는 성인 남성에게 두드러지며, 어린이나 여성은 거의 나타나지 않는다. 울대뼈를 맞을 경우 큰 통증을 일으킨다.

❺ 눈은 얼굴의 급소 중 가장 취약한 부분이다. 눈을 찌르는 공격은 최후의 수단이다. 눈 찌르기에도 요령이 있다. 손가락 한 개보다는 다섯 손가락을 이용하여 찌르면 공격에 성공할 확률이 높아진다.

■ 몸통 급소

❶ 몸통의 대표 급소는 명치이다. 인체의 내장 기관은 주로 갈비뼈가 보호하고 있는데, 명치는 상대적으로 갈비뼈로 보호하기가 어려운 부분이다.

❷ 겨드랑이는 팔에 흐르는 신경인 정중신경, 요골신경, 척골신경이 집중되어 있어서 외부충격에 취약하다. 강하게 맞으면 통증과 더불어 마비증상이 온다. 목조르기와 어깨동무와 같이 상대의 팔이 들려 있는 상황에서 겨드랑이를 찌르면 효과를 볼 수 있다.

❸ 심장과 폐와 같은 주요 기관을 보호하는 갈비뼈는 손가락처럼 작은 12쌍의 뼈로 이루어져 있다. 특히 아래에 위치한 갈비뼈는 더욱 가늘어 외부의 충격에 취약하다.

❹ 배꼽 아래에 위치한 단전을 맞으면 내부 장기에 큰 충격이 전달되고, 미주신경의 이상을 일으킬 수 있다. 미주신경은 뇌신경 중 하나로, 심장과 폐의 기능과 같은 불수의근(스스로 움직일 수 없는 근육) 운동을 조절하는 역할을 한다.

■ 하체 급소

❶ 하체의 대표 급소는 낭심이다. 상대와 가까이 있을 때 무릎으로 공격하면 좋다.

❷ 무릎, 정강이, 발등과 같은 급소는 발로 타격하기 쉬운 위치에 있으나 의복으로 싸여 있어 공격하기 쉽지 않은 급소이다. 무릎을 강하게 차일 경우 슬개골 주변 조직과 반월상연골판이 찢어지거나, 무릎을 안정화하는 십자인대가 손상될 수 있다. 단단한 구두를 신고 있다면 상대의 정강이와 발등이 좋은 공격 부위가 된다.

인체의 주요 급소

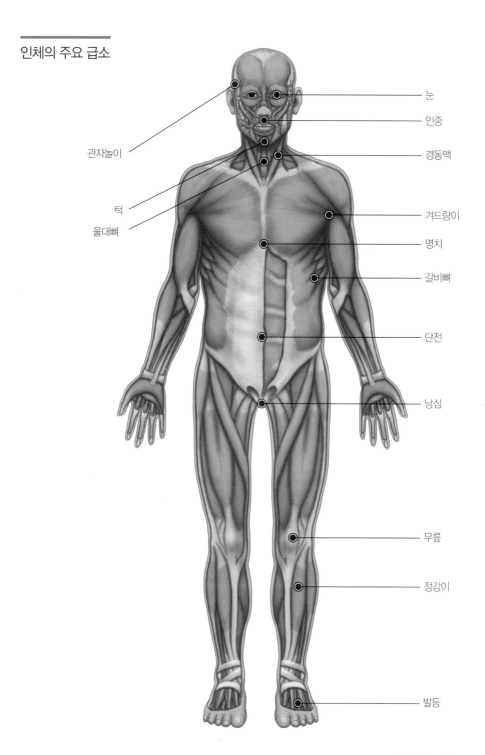

관자놀이

턱

울대뼈

눈

인중

경동맥

겨드랑이

명치

갈비뼈

단전

낭심

무릎

정강이

발등

●●인체의 골격과 근육

사람은 약 300개 이상의 뼈를 가지고 태어나 성인이 되면 206개의 뼈를 가진다. 성인이 가진 근육의 수는 약 650개이고, 관절은 100개 이상이다. 인체의 주요 골격과 근육에 대한 이해는 호신술 연습과 근육 강화 훈련, 그리고 부상의 예방에 도움이 된다.

뼈의 구조

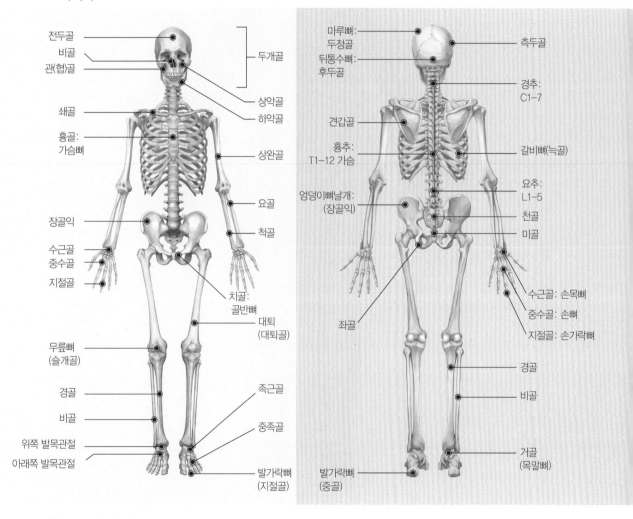

전두골
비골
관(협)골
두개골
상악골
하악골
쇄골
흉골: 가슴뼈
상완골
요골
장골익
척골
수근골
중수골
지절골
치골: 골반뼈
대퇴 (대퇴골)
무릎뼈 (슬개골)
경골
비골
위쪽 발목관절
아래쪽 발목관절
족근골
중족골
발가락뼈 (지절골)

마루뼈: 두정골
뒤통수뼈: 후두골
측두골
경추: C1-7
견갑골
흉추: T1-12 가슴
갈비뼈(늑골)
엉덩이뼈날개 (장골익)
요추: L1-5
천골
미골
좌골
수근골: 손목뼈
중수골: 손뼈
지절골: 손가락뼈
경골
비골
거골 (목말뼈)
발가락뼈 (중골)

근육의 구조

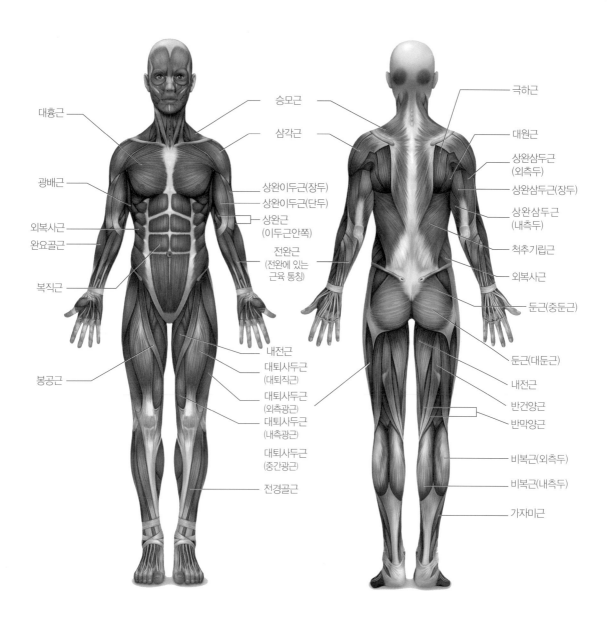

대흉근

승모근

삼각근

극하근

대원근

상완삼두근
(외측두)

상완삼두근(장두)

상완이두근(장두)

상완이두근(단두)

상완근
(이두근안쪽)

전완근
(전완에 있는
근육 통칭)

광배근

외복사근

완요골근

복직근

봉공근

내전근

대퇴사두근
(대퇴직근)

대퇴사두근
(외측광근)

대퇴사두근
(내측광근)

대퇴사두근
(중간광근)

전경골근

상완삼두근
(내측두)

척추기립근

외복사근

둔근(중둔근)

둔근(대둔근)

내전근

반건양근

반막양근

비복근(외측두)

비복근(내측두)

가자미근

●●익숙함이 무기이다

백 가지 기술을 배워도 몸에 익숙하지 않으면 실제 상황에서 소용 없다. 호신술은 한두 번 연습했다고 위급상황에 쉽게 사용할 수 있는 것이 아니다. 꾸준히 반복 연습을 해야 실제 상황에서 사용이 가능하다. 연습을 통해 감각을 익혀 몸이 동작을 기억하도록 해야 한다. 연습은 의식적인 연습이어야 한다. '얼마나 많이 연습했느냐'보다는 '얼마나 의식적으로 집중해서 연습했느냐'가 중요하다. 목적이 있는 연습은 수련의 효율을 높여준다. 의식적인 연습은 뇌의 신경가소성을 변화시켜 동작을 익숙하게 만든다.

머리가 아닌 몸이 기억하도록 하는 것을 머슬 메모리(muscle memory)라고 한다. 다른 말로 체득(體得), 체화(體化)라고도 표현한다. 여러 종목의 전문 운동선수들이 각종 상황에서 감각적으로 신체를 움직이는 것은 꾸준한 반복 연습으로 몸이 기억하고 있기 때문이다. 고도로 집중된 상태에서 인간의 신체 능력은 초인적인 힘을 발휘한다. 항상 연습은 실제 상황처럼 해야 몸이 기억하고 반응한다. 어설프게 연습을 지속한 사람은 위급한 상황에서 긴장감이 높아져 평소에 자신이 가지고 있던 능력을 제대로 발휘하지 못한다. 익숙하지 않은 기술에 대한 연습은 천천히 시작하되 점진적으로 강도를 높여(점진적 과부하의 원리) 반복적으로 연습해야 한다. 연습을 통해 어색했던 동작이 익숙해지며 날카롭게 변한다.

● ● 준비운동과 정리운동의 중요성

■ 준비운동

훈련과 연습에 앞서 준비운동을 꼼꼼하게 하는 것은 필수이다. 특히 호신술을 처음 시작하는 사람은 준비운동을 하는 습관을 잘 들여야 한다. 준비운동은 가벼운 몸의 움직임부터 시작하여 몸의 체온을 올리고, 동적인 스트레칭을 통해 관절의 가동 범위를 높여 부상을 예방해야 한다. 스트레칭은 크게 동적(dynamic) 스트레칭과 정적(static) 스트레칭이 있다. 준비운동은 동적인 스트레칭이 권장된다. 준비운동으로 정적인 스트레칭을 하게 되면 오히려 관절의 가동범위로 축소되고 퍼포먼스가 떨어질 수 있다.

준비운동을 하는 목적은 크게 두 가지이다. 첫째는 관절의 가동 범위를 높여 부상을 방지하기 위함이고, 둘째는 근육의 온도를 높여서 최상의 몸 상태를 만들기 위함이다.

■ 정리운동

열심히 호신술을 연습했다면 정리운동에도 시간을 투자해야 한다. 정리운동은 운동 후 빠른 회복을 위해서 중요하다. 빨라진 심박수를 정상으로 되돌리고, 활성화된 근육을 정리하여 근육의 통증을 최소화하기 위함이다. 정리운동을 할 때는 체온이 상승한 상태인데, 이때 정적 스트레칭을 하게 되면 유연성 향상에 큰 도움이 된다.

정적 스트레칭은 30초에서 60초 정도 동작을 유지하면서 근육을 늘려 주는 것이 효과적이다. 근육을 무리하게 늘리게 되면 근육에 염증이 생길 수 있기 때문에 무리하지 않는 범위 내에서 스트레칭해야 한다. 나이가 들어감에 따라 몸은 굳어간다. 유연성은 부상 예방과 더불어 건강에도 직결되는 체력이니 운동을 마칠 때 꼭 정리운동을 하는 습관을 들이자.

● ●빨리 강해지는 방법이 있을까?

최근 유명인들의 학교폭력이 이슈가 되고 있다. 학교폭력의 피해자는 가해자가 미디어에서 활동하는 모습을 보며 예전의 폭력이 생각나고 괴로움을 느꼈을 것이다. 가해자 또한 지난 시절의 과오로 인해 현재의 삶에 영향을 미쳐 후회가 막심할 것이다. 가해자와 피해자 모두 안타까운 상황이다.

힘이 약한 사람은 강한 사람의 표적이 될 수 있다. 학창 시절뿐 아니라 인생을 살다 보면 어떤 위협이 닥칠지 아무도 모른다. 누군가 나를 괴롭히거나 해를 끼칠 때 자신의 몸을 지키기 위해서는 힘을 키워야 한다. 가능하면 빨리 강해지고 싶겠지만 책이나 영상을 보거나, 유명한 무술인에게 몇 번 지도 받았다고 드라마틱하게 강해지는 경우는 없다. 강해지기 위해서는 시간이 필요하다. 근력이나 지구력과 같은 체력을 키울 때 트레이닝의 유의한 효과를 얻기 위해서는 최소 12주 이상의 시간이 소요된다. 6개월이면 가시적인 효과를 거둘 수 있다. 호신술은 단순히 근육만 키우는 것이 아니기 때문에 시간이 더 필요하다. 주기화의 원리에 따라 적응기, 향상기, 유지기를 거쳐 강해진다. 어떤 훈련을 하느냐에 따라 결과물은 큰 차이가 있다. 자신의 유전적 특성을 파악하고, 꾸준한 노력을 통해 자신의 약점을 극복하고 강해질 수 있다. 연구에 의하면 운동능력의 약 30% 정도는 유전적인 영향을 받는다고 한다. 그러나 호신능력은 유전적인 힘보다는 후천적인 노력이 훨씬 중요하다.

강해지기 위해서는 가장 먼저 동기부여가 필요하다. 호신술을 익히기 위한 동기부여가 명확할 때 효과는 배가 된다. 가장 중요한 것은 꾸준한 연습이다. 좋은 환경을 조성하면 더욱 좋다. 글이나 영상을 참고했다면 실제로 몸을 사용하면서 익히는 것이 중요하다. 도장을 찾아 몸을 단련하고 다양한 실전 스파링을 거치면서 강해질 수 있다. 훌륭한 지도자를 만나면 호신술 습득의 속도가 빠르다. 지도자의 능력은 제자들에게 전수되며, 지도자의 철학은 제자들에게 큰 영향력을 미친다.

●●호신능력 강화를 위한 트레이닝의 원리

많은 트레이닝의 원리가 있지만, 호신술 수련에 있어서 크게 3가지를 강조한다. 과부하의 원리, 점진성의 원리, 반복성의 원리로 해당 원리들은 호신술 능력을 향상하는 데 꼭 필요한 부분이다.

■ 과부하의 원리

근육이 발달하는 원리는, 운동(과부하)을 통해 미세한 상처를 입은 근육세포가 영양의 공급과 충분한 휴식을 통해 더욱 강해지는 것이다. 호신술에 사용되는 인체의 근육이 강화되기 위해서는 근육에 과부하가 걸려야 한다. 너무 약한 강도의 운동은 근육세포 발달에 영향을 주지 않는다.

꺾기 연습을 할 때, 초기에는 상대가 힘을 빼고 잡은 상태에서 연습한다. 이후 점차 힘을 더한 상황에서 연습해야 기술 수행에 연관된 근육이 강해진다. 호신술의 다양한 타격, 누르기와 꺾는 힘을 기르기 위해서는 근력의 강화가 필수이다.

■ 점진성의 원리

트레이닝의 강도는 점진적으로 올려야 한다. 운동 초기부터 강한 훈련을 반복하게 되면 몸이 자극에 적응하지 못해 근육통에 시달리거나 부상이 발생할 수 있다. 특히 어린

학생이나 고령자, 그리고 초보자에게는 점진성의 원리가 더욱 중요하다. 첫술에 배부를 수 없다. 훈련은 장기적으로 계획을 세워 점진적으로 강도를 높여 실시한다. 처음 배운 동작이 서서히 내 몸에 스며들도록 무리하지 않는 것이 중요하다.

▬ 반복성의 원리

훈련은 반복적으로 이루어졌을 때 몸이 기억한다. 익숙하지 않은 동작을 반복하여 연습하면, 관련된 근육과 신경이 발달하여 인체의 기능과 조직이 발달한다. 누구나 처음 배우는 동작은 세련되지 못하고 어설프다. 호신술 동작을 계속해서 반복하게 되면 뇌와 근육의 신경시스템이 발달한다. 복잡한 자세를 기억하고, 움직임이 자연스럽고 능숙해진다.

▬ 초기수준의 원리

호신술을 배우는 사람은 초기에 실력이 가장 많이 향상된다. 스펀지가 물을 빨아들이는 것과 같이 많은 기술을 수련 초기에 습득한다. 이후 일정 수준 이상의 숙련자가 되면 점차 실력 향상이 더뎌지고 정체기가 올 수 있다. 정체기가 온 경우에는 빈도와 강도, 시간을 조절하여 프로그램을 바꾸고 새로운 자극을 주는 것이 효과적이다.

▬ 한계성의 원리

체계적인 운동을 꾸준히 오래 한다고 해서 체력이 무한정 좋아지지는 않는다. 예를 들어 발차기를 꾸준히 연습하면 발차기의 힘이 강해지지만, 연습을 계속한다고 해서 무한정 힘이 향상되지는 않는다. 팔 꺾기 연습도 처음에는 꺾는 힘이 향상되지만, 어느 수준 이상이 되면 한계점에 이르게 된다. 기술 연습과 함께 다양한 근력운동을 병행하여 각 개인의 한계점을 높여야 한다. 각 개인마다 트레이닝에 의한 향상 정도가 제한되는 유전적인 한도가 있다. 자신의 유전적 한도에 가까워질수록 향상 속도는 느려지고 한계점에 이르게 된다.

━━ 가역성의 원리

호신술을 포함한 모든 운동은 꾸준함이 생명이다. 운동을 중단하면 몸은 다시 원래 상태로 돌아가려는 성질이 있다. 호신술 연습을 통한 기술의 습득은 머리와 몸의 감각에 비교적 오래 남아 있지만, 상대적으로 호신술과 관련된 근육(예를 들어 팔을 꺾기 위한 근육, 발차기를 강하게 차기 위한 근육 등)은 트레이닝 중단 시 원상태로 빠르게 돌아가려는 성질이 있다.

━━ 개별성의 원리

호신술을 배우는 사람의 특성은 제각기 다양하다. 호신술을 가르치거나 배울 때는 사람마다 개별적인 특징을 파악하는 것이 중요하다. 흔히 초보 운동지도자들이 개별성의 원리를 간과하기 쉽다. 운동 능력, 성격, 체형, 연령, 건강 상태 등을 고려하여 각각 다른 훈련이 필요하다. 예를 들어 고령자가 호신술을 배울 때 과도한 꺾기 동작을 하거나 넘어뜨리는 동작을 연습하면 부상을 당하기 십상이다. 간단한 기본 발차기 동작도 익숙하지 않은 사람에게는 위험성이 큰 훈련이다.

●●호신술을 위한 트레이닝과 연습의 차이

트레이닝과 연습은 비슷해 보이지만 다른 개념이다. 체력은 트레이닝 중에 그 효과가 점진적으로 증가하지만, 트레이닝은 중단 시 '디트레이닝(detraining)' 현상에 의해

트레이닝 전 상태로 돌아간다. 일반적으로 48시간 이후부터 서서히 감소하는 현상이 나타난다. 그러나 연습을 통해 습득된 기술은 연습을 중지해도 쉽게 사라지지 않는 특성을 가진다.

호신능력을 향상하기 위해서는 근육 트레이닝이 필요하다. 트레이닝으로 커졌던 근육은 트레이닝 중단 시 다시 원상태로 돌아가려는 성질이 있다. 근육운동은 일주일에 최소한 2일 이상해야 하며, 이상적인 효과를 원한다면 일주일에 3~4일 정도 하는 것이 효과적이다. 운동 후 48시간이 지나면 몸은 서서히 운동 전의 상태로 되돌아가기 때문이다.

반면, 연습을 통해 얻은 기술은 쉽게 지워지지 않는다. 스케이트나 골프, 탁구, 자전거와 같이 기술적 요인이 강한 운동에서는 연습을 중지하더라도 쉽게 기능이 사라지지 않는다. 그렇기 때문에 호신술의 꺾기와 빼기, 타격, 그리고 낙법과 같은 동작의 감각은 오랜 기간 잊히지 않고 지속된다.

다양한 상황에서 몸을 보호하거나 상대를 제압하는 호신술은 트레이닝보다는 연습에 가깝다. 반복적인 연습을 통해 몸의 고유감각을 익히는 것이다. 한 번 습득된 몸의 감각은 쉽게 잊히지 않고 몸이 기억하게 된다. 반면, 연습 과정 중에 부수적으로 발달되는 근육의 성장은 반복적으로 훈련하지 않으면 소실된다.

● ●호신술 연습과 근육의 통증

호신술을 꾸준히 배우려고 마음을 먹었는데, 연습 다음 날 피로감이 느껴지거나 근육의 통증이 생긴다면 꾸준히 연습하기 힘들어진다. 평소 운동을 안 하던 사람들이 운동을 시작하면 전에 없던 피로감이 생길 수 있다. 운동 후 피로감은 젖산의 축적, 몸속 에너지 원과 신경계의 고갈, 지연성 근통증 때문이다. 호신술 교육의 특성상 대부분 지연성 근통증일 확률이 높다.

호신술을 배우다 보면 다음 날 근육의 통증이 생길 수 있다. 연습에 사용되는 근육이 평소에 자주 사용하는 근육이 아니기 때문이다. 근육의 통증은 크게 급성 근통증(acute muscle soreness)과 지연성 근통증(delayed-onset muscle soreness) 두 가지로 나눈다. 호신술 연습에 의한 급성 근통증은 연습 중에 나타날 수 있다. 이럴 때는 연습의 강도를 줄이거나 중단하는 것이 좋다.

지연성 근통증의 예는 학창 시절의 체육대회 다음 날을 기억하면 좋다. 체육대회 다음 날 몸이 뻐근하고 아팠던 기억은 누구나 한 번쯤 있을 것이다. 평소에 잘 사용하지 않던 근육을 무리하게 사용하게 되면 지연성 근통증이 쉽게 나타난다. 호신술을 오래 배운 사람보다는 처음 호신술을 접하는 사람에게 주로 나타나는 증상이다. 지연성 근통증은 운동이 잘 되었다는 뜻이니 긍정적으로 생각하면 좋다. 지연성 근통증이 심한 사람은 차가운 마사지와 가볍게 몸을 움직이는 것이 회복에 도움이 된다. 일반적으로 3~4일이 지나면 저절로 좋아진다. 근육통을 경험하는 많은 사람들이 사우나에 가서 통증을 없애려고 하는데, 오히려 체내 염증을 증가시켜 회복을 더디게 하니 주의해야 한다.

우리의 몸은 날마다 컨디션이 변화한다. 육체적으로 피곤하고 힘이 들 때는 운동을 쉬는 것이 좋다. 몸이 피곤하면 여러 가지 피로물질이 쌓이기 때문에 휴식을 통해 컨디션을 회복하는 것이 우선이다. 자신의 컨디션을 세심하게 살피고, 적절한 휴식을 취해야 한다.

● ●호신술에 필요한 단계별 에너지원

우리 몸이 운동하려면 에너지를 공급받아야 한다. 음식물을 섭취하여 우리 몸에 들어온 영양소는 화학적인 반응을 통해 'ATP'라는 에너지 화합물로 인체에 저장된다. 몸에 저장된 ATP는 기초대사에 쓰이거나 호신술 연습 시에 에너지원으로 사용되어 몸 밖으로 배출된다.

에너지 사용의 단계는 에너지시스템이라고 부르며 크게 3가지 단계로 나뉜다. 가장 먼저 ATP-PC, 이후 무산소성 해당과정, 마지막으로 유산소성 에너지시스템이 사용된다.

호신술의 특성상 에너지시스템은 에너지 공급 1단계인 ATP-PC시스템이 주로 사용된다. ATP-PC시스템은 운동 시작 후 약 10초면 없어지는 공급시스템으로, 호신술 동작 (발차기와 주먹을 강하게 지르기, 상대를 꺾거나 제압하기 등)과 같은 짧고 강한 동작에서 사용된다. 대략 1분~2분 정도의 운동에서 사용되는 무산소성 해당과정이나, 2분 이상의 장시간 운동 시에 사용되는 유산소성 에너지시스템은 호신술 상황에서 흔하지 않다.

호신술 연습을 오래 하면 탄수화물, 지방, 단백질의 순서로 에너지원이 사용된다. 탄수화물 섭취를 통해 몸에 들어온 포도당은 몸에서 가장 빠르게 사용할 수 있는 에너지원이다. 사용되고 남은 당질은 간과 근육에 글리코겐 형태로 저장된다. 이후에도 과잉 섭취된 당질은 주로 복부에 중성지방 형태로 저장된다. 복부에 쌓인 중성지방을 없애기 위해서는 20분 이상 유지할 수 있는 운동 강도를 지속하는 것이 좋다.

●●호신술과 근육의 조화

일반적으로 근육의 힘은 근육의 단면적과 비례하지만, 단순히 근육이 많다고 해서 타격력이 우수하거나 꺾는 힘이 강한 것은 아니다. 근육을 동원하는 신경계가 함께 발달해야 하기 때문이다.

예를 들어 A와 B가 팔씨름을 한다. A는 웨이트 트레이닝으로 한 눈에 봐도 근육량이 많은 사람이고, B는 일반적인 팔 근육을 가진 사람이다.

근력은 근육의 양과 비례하기 때문에 팔 근육이 발달한 사람이 이기는 것이 대부분이지만, 일반적인 팔 근육을 가진 사람이 이기는 경우가 있다. 그 이유는 B가 팔씨름을 하는데 필요한 운동신경이 더 발달했기 때문이다. 아마도 A보다 B가 팔씨름을 한 경력이 더 많을 것이다. 팔씨름을 잘하기 위해서는 근육량 증가와 더불어 꾸준한 연습을 통한 운동신경의 발달이 필요하다.

우리 몸의 근육은 서로 조화롭게 움직이며 작용한다. 근육은 마치 사슬처럼 연결되어 있기 때문에 움직일 때 주변의 여러 근육들이 함께 사용된다. 근육의 움직임은 흔히 아래의 세 가지 용어로 설명된다.

■ 주동근(작용근)

운동에 가장 직접적으로 사용되는 근육이나 근육 무리를 의미한다. 예를 들어 태권도의 앞차기 주동근은 허벅지의 앞 근육인 대퇴사두근이다.

■ 길항근(대항근)

주동근과 반대의 작용을 하는 근육이나 근육 무리이다. 예를 들어 앞차기의 길항근은 허벅지의 뒷 부분인 대퇴이두근이다. 주동근이 움직일 때 반대편에서 함께 움직인다.

■ 보조근(협동근)

주동근과 길항근이 움직이는 동안 서로 협력하고 보조하는 근육들이다. 예를 들어 태권도 앞차기 시에 대퇴 옆 부분의 근육과 복근 등도 보조근으로 작용한다. 사람이 강한 힘을 내고자 할 때는 보조근이 동원되어 보조한다.

호신술 상황에서 나오는 다양한 동작들에 힘이 실리기 위해서는 꾸준한 훈련과 연습으로 근육과 신경의 발달이 조화롭게 이루어져야 한다.

● ● 스포츠와 호신술

각종 스포츠 종목을 호신술에 적용할 수 있다. 어떠한 종목도 자신이 오랜 기간 운동했다면 호신술에 응용이 가능하다. 특히 한 종목을 꾸준히 연습해온 엘리트 선수들은 일반인보다 기초체력이 좋고, 종목이 지니는 특성을 호신술에 응용하기 쉽다. 야구와 배구 선수의 강한 어깨, 축구 선수의 튼튼한 하체, 그리고 선수 특유의 임팩트 능력은 호신술 상황에 얼마든지 응용할 수 있다. 예를 들어 야구의 공 던지기를 응용하면 강한 주먹 지르기가 된다. 발을 앞으로 많이 뻗을수록 강속구가 나오듯 강한 펀치력이 생긴다.

특히 무술 수련은 어떠한 종목이든 나의 몸을 방어하고 상대방을 제압하는 데 목적을 두기 때문에 호신술과 일맥상통한다. 각종 무술을 수련하거나 좋아하는 스포츠를 꾸준히 하는 것도 호신능력 향상에 도움이 된다.

이종격투기 단체에서는 스포츠 종목의 실전성을 확인하고 싶어서 다양한 경기를 성사시킨다. 각종 스포츠로 단련된 선수가 격투기 경기에서 어떠한 경기력을 가지느냐는 많은 사람들의 관심사이다. 각 종목에서 뛰어난 성적을 거두고 좋은 피지컬을 가지고 있더라도 낯선 격투기 경기에서 우수한 경기력을 보이지 못하는 경우가 대부분이다. 같은 구기 운동이지만 훌륭한 야구 선수가 축구는 잘 하지 못하는 것과 같은 경우이다.

사람의 몸은 사용하는 대로 근육과 감각이 형성되고 발달한다. 다른 종목에서 압도적인 기량을 가졌던 선수들일지라도 격투기를 처음 접하게 되면 좋은 기량을 펼치기 어렵다. 반복적인 연습을 통해 경기의 규칙에 잘 적응하고, 인체가 훈련된 선수일수록 더 강하다.

●●호신술과 아드레날린

누구나 화나면 무섭고 강해진다. 화가 나거나 위급한 상황이 되면 교감신경이 흥분한 상태가 되면서 아드레날린(adrenaline)이 분비된다. 아드레날린은 카테콜라민(catecholamine) 계열의 신경전달물질로 에피네프린(epinephrine)이라고도 부른다. 중추신경으로부터 오는 자극에 의해 교감신경의 말단에서 아드레날린이 분비되면 근육에 자극을 전달하여 강한 힘을 내게 한다. 몸이 스트레스를 받으면 아드레날린은 뇌나 근육의 혈관을 확장해 정신을 가다듬어 근육이 스트레스에 잘 대처하도록 몸을 전환한다. 이러한 변화는 위급 상황 중 인체의 전투력을 높이고, 상황에 잘 대응하게 힘을 준다. 이러한 흥분 상태를 유지하다가 상황이 좋아지면 다시 평온을 되찾게 되는데, 이후 두통이나 극심한 피로감이 올 수 있다. 흥분상태로 인한 에너지의 집중으로 인체의 피로도가 높아지기 때문이다.

운동선수가 중요한 경기에서 더 좋은 경기력을 나타내는 것은 교감신경 활성화에 따른 아드레날린 분비와 연관이 깊다. 위급 상황에서는 몸이 경직되는 긴장성 부동화가 일어남과 동시에 아드레날린 분비가 촉진된다.

화를 잘 내는 사람들은 평균 수명이 짧다. 교감신경과 부교감신경의 조화로운 상태가 유지되어 있어야 건강한 삶을 영위하는데, 자주 화내는 사람에게는 불균형이 생겨 몸에 무리를 주기 때문이다.

●●호신술과 행복 호르몬

필자는 수련생들에게 호신술을 배우려는 이유를 꼭 묻는다. 자기 몸을 지키기 위해서라는 답변과 더불어 가장 많은 답변이 즐거움을 위해서이다. 특히 좌식생활을 주로 하는 사람에게 신체활동을 요구하는 호신술 운동은 에너지 발산과 기분전환, 그리고 체력 향상을 위해 아주 매력적인 운동이다.

실제로 운동을 시작하기 전 수련생의 모습과 수업을 마치고 돌아가는 수련생의 모습은 많이 다르다. 호신술 수업을 마치고 돌아가는 수련생의 얼굴에는 항상 생기가 돈다. 운동을 하면 세로토닌, 도파민과 같은 행복 호르몬이 분출되어 스트레스와 우울감을 없애고 기분을 좋게 한다. 게다가 호신술 수업의 특성상 함께 운동하는 사람들과 상호교감이 작용하여 유대관계도 좋아진다. 행복감을 느끼게 하는 호르몬을 늘리는 방법은 영양공급, 수면과 휴식 등 여러 가지 방법이 있다. 그중 여러 사람들과 교감하며 활기차

게 몸을 움직이는 호신술과 같은 운동은 온몸의 신경을 골고루 자극하여 스트레스를 해
소하고 행복감을 높여준다.

● ●인지기능 강화를 위한 호신술

운동과학의 발달로 무술이 인체에 미치는 영향을 과학적으로 밝히는 연구가 활발히
진행되고 있다. 필자가 운동을 시작했던 1980년대에는 도장에서 운동을 하면 성장에 방
해가 된다는 인식이 강했는데, 요즘에는 키가 크게 하기 위해 도장을 다닌다. 격세지감
이다. 운동생리학 분야의 초기 연구는 주로 신체구성, 체력에 관련된 연구가 많았다. 최
근에는 인지기능과 관련된 연구가 눈길을 끈다. 인지기능은 기억력, 판단력, 주의력, 계
산능력, 그리고 언어능력 등 대뇌의 고차원적인 기능을 의미한다.

호신술과 같은 운동은 인지기능을 향상시키는 데 도움을 준다. 다양한 신체동작이 뇌
를 자극하여 긍정적인 영향을 주기 때문이다. 뇌에는 약 1,000억 개의 신경세포가 있다.
우리가 생각하거나 운동을 하여 두뇌가 자극을 받으면 신경세포는 다른 신경세포와 신
호를 교환하며 발달한다. 무술수련을 통해 BDNF (뇌에서 유래된 신경생성인자)가 증가되었다
는 연구도 다수 있다. 사용하지 않는 근육은 퇴화하듯, 두뇌도 사용해야 활성화된다. 호
신술 연습 과정을 반복하면 인지기능을 높여 뇌를 최적의 상태로 만든다.

●●구르기와 회전낙법의 차이

길을 가다가 넘어지는 경우, 몸을 보호하기 위해 구르기나 전방회전낙법을 한다. 이 때 구르기보다는 전방회전낙법이 권장되는데, 이유는 아래와 같다. 회전낙법은 구르기에 비해 조금 어렵지만, 연습하여 몸에 익히면 나를 지키는 좋은 기술이 된다.

■ 구르기를 할 때 딱딱한 바닥에서 구르면 몸 중앙의 척추뼈가 지면에 부딪혀 다칠 위험이 있다. 몸을 대각선 형태로 구르는 전방회전낙법이 척추 부상의 위험이 훨씬 적다.

■ 구르기보다 전방회전낙법이 지면에 닿는 면이 많아서 충격력을 분산시킬 수 있다.

■ 구르고 몸을 일으킬 때 전방회전낙법 형태로 측면으로 일어나는 것이 훨씬 쉽다. 앞구르기 형태로 정면으로 일어나면 무릎에 얼굴을 부딪쳐 치아나 코가 손상될 수 있다.

●●닫힌 문을 부수는 강한 발차기

위급한 상황인데 문이 굳게 닫혀 있다. 시간도 없고, 주변에 크고 단단한 물체도 없어 인체를 사용해 탈출해야 하는 상황이다. 일반인이라면 손으로 밀거나 어깨와 같은 곳을 이용해 문을 부수려고 할 것이다.

여러 가지 발차기 중에 미는 힘이 가장 큰 발차기는 발날과 뒤꿈치를 이용한 옆차기이다. 옆차기를 할 때 발차기와 축이 되는 디딤발의 각도가 중요하다.

옆차기에 회전력을 더하면 더 큰 힘이 나오지만 정확도가 떨어진다. 옆차기의 힘이

가장 강력하게 전달되기 위해서는 지면의 디딤발이 차는 방향과 정반대로 180도 돌아가야 하고, 지면을 디딘 다리의 각도가 45도에 가까워야 한다.

● ●효과적인 피하기와 막기

영화에서 보면 무술의 고수가 몸은 가만히 두고 손만 움직여 공격을 방어하는 장면을 쉽게 볼 수 있다. 이런 장면은 영화에서나 나오는 모습이다. 실제 상황에서는 손뿐만 아니라 온몸을 사용해서 상대의 공격을 방어해야 한다. 손만 이용하는 것보다 막는 면적을 넓게 하여 방어하는 것이 효과적이다. 예를 들어 상대가 주먹으로 공격할 때 손바닥으로 막는 것보다 손바닥과 아래팔을 함께 이용하여 막는 것이 방어의 확률을 높인다.

상대의 때리는 공격을 움직이지 않는 자세로 방어하면 몸에 큰 충격력이 전해진다. 스텝(딛기)과 몸의 움직임(특히 허리의 움직임)을 이용해 피해야 한다. 타격의 충돌 시간이 줄어 충격량이 줄어들기 때문이다.

스텝(딛기) 능력은 격투기 경기에서 아주 중요한 요소이다. 오랜 기간 무술을 연구한 사람들은 몸을 움직이는 스텝만 봐도 그 사람의 전투력을 가늠할 수 있다. 몸을 이동하고 회전하여 충격력을 분산시키는 요령은 꾸준한 연습으로 체득된다.

무술 도장에서 사범이 미트를 잡는 모습을 보면 타격의 힘을 잘 분산시킨다. 일반인들은 팔이 아파서 미트를 오래 잡지 못하고 손목이나 팔꿈치 관절을 다치기도 한다. 타격이 되는 순간 미트를 움직여 충격력을 분산시키는 요령이 익숙하지 않은 까닭이다.

혼자서 다수와 대치하는 상황은 매우 위험한 상황이다. 다수와 대치하는 상황에서는 상대에게 등을 보이면 안 된다. 상대방 무리의 가운데로 들어가면 후면방어에 취약한 상황이 되므로 가능하면 바깥으로 돌아서 거리를 두고 상대한다. 대치 중에 잡히면 매우 불리해진다. 신체의 어느 부위든 잡히면 타격력이 급격히 떨어지고 몸의 중심이 불안해지므로 격투 상황에서 절대적으로 불리해진다. 한 명이 수십 명의 상대를 멋지게 제압하는 상황은 영화에서나 가능하다.

●●자세교정은 천천히

무턱대고 열심히 하는 것은 올바른 방법이 아니다. 정확하지 않은 동작으로 아무리 연습을 많이 해도 효과적이지 못하다. 잘못된 자세로 연습을 서두르다가 자칫 부상을 당하기 쉬우며, 잘못된 자세가 몸에 익숙해지면 다시 자세를 교정하는 데 시간이 걸린다. 우리 몸의 감각은 연습을 통해 서서히 변화하여 자세를 기억한다. 처음 기술을 익힐 때는 천천히 연습하여 정확한 자세를 익혀야 한다. 점진적으로 속도와 강도를 높이면서 연습하는 것이 중요하다. 거울을 보고 연습하거나, 스마트폰으로 동작을 촬영해서 살펴보면 자세교정에 큰 도움이 된다.

●●호신술 수련의 신체적 가치

운동 과학의 발달로 무술과 관련된 다양한 연구가 진행되어 긍정적인 결과물이 보고되고 있다. 호신술 수련은 신체 건강에 도움이 되는 좋은 운동이다. 꾸준히 호신술 수련을 하게 되면 인체의 지방 조직을 감소시키고, 근육량을 증가시키며, 다양한 체력요소를 발달시킨다. 호신술 수련 중에 이루어지는 다양한 신체활동은 학생들의 성장에 도움이 되고, 성인들에게는 대사적 이로움을 주게 되어 각종 성인병 예방에 도움이 된다. 신체구성의 개선은 바른 체형에도 도움을 주게 되어 외형적으로도 매력적인 몸이 된다. 어떤 종목이든 한 종목을 꾸준히 한 사람들은 독특한 체형으로 변화한다. 레슬링이나 유도, 리듬체조, 축구나 야구 선수 등 종목별 선수마다 독특한 체형이 있다. 호신술의 다양한 동작은 전신을 골고루 자극하여 다부지고 탄탄한 몸으로 변화하게 한다.

❶ 근력을 비롯해 다양한 체력 요소를 발달시킴

　예) 구르기와 낙법 → 목과 복부의 근육 발달

　　　발차기 → 허벅지와 엉덩이, 복부의 근육을 발달

　　　주먹 지르기, 제압술 → 팔, 복부의 근육 발달

❷ 지방조직 감소와 제지방 조직의 증가 → 다이어트에 도움

❸ 성장판 자극과 성장호르몬 분비 → 키 성장에 도움

❹ 인체대사를 원활하게 하여 면역력을 향상

❺ 행복 호르몬을 분비 → 스트레스 해소

❻ 혈류량을 증가시키고, 감각신경을 자극 → 뇌 기능의 개선

● ●호신술과 자기관리

　자기관리란, 자신의 이미지, 건강, 체력 등을 유지하려는 노력을 의미한다. 자기관리에 철저하기 위해서는 운동이 필수이다. 호신술과 같은 무술 수련은 자기관리에 큰 도움이 된다. 모든 신체활동은 적당하고 적절하게 수행하면 건강에 이로움을 준다. 반면, 바르지 못한 방법과 과도한 훈련으로 인해 일반인보다 건강이 좋지 않은 무술인도 쉽게 볼 수 있다. 특히 근·골격계(근육, 뼈, 인대, 힘줄) 이상과 통증을 호소하는 사람이 많다. 대부분의 근·골격계 통증의 원인은 무리한 신체활동 때문이다. 자신의 나이와 체력 수준에 맞춰 적당한 강도로 수련을 해야 하는데 과도한 동작으로 인체에 이상이 생긴다. 특히 나이가 들어감에 따라 무리한 운동은 금물이다. '과유불급'이라고 몸에 좋다는 운동도 적정선을 넘어가면 안 하느니 못 한 결과를 낳게 된다.

　30대 중반 이후에 다치는 사람들의 주요 원인은 옛 생각 때문에 발생한다. '왕년에 내

가 이 정도는 했는데'라는 생각에 무리하기 쉽다. 나이가 들면 누구나 관절의 운동 범위가 줄고, 운동능력이 서서히 저하된다. 운동선수의 경우, 35세 전후로 자신의 운동 능력이 예전 같지 않음을 느끼게 된다. 40대와 50대는 사회적으로 가장 왕성한 활동을 하는 시기이다. 왕성한 사회활동만큼 건강을 위해 운동하는 시간을 투자해야 한다. 호신술의 동작은 무리하지 않고 적당히 훈련하면 인체에 많은 순기능을 주는 좋은 맨몸운동이다. 경쟁 심리를 가지고 운동하지 말고, 건강을 위해 자기관리에 중점을 둘 필요가 있다. 고령임에도 불구하고 무술 수련을 통해 좋은 건강과 퍼포먼스를 유지하는 고수를 주변에서 어렵지 않게 볼 수 있다. 건강을 위한 운동은 평생 친구와 같다.

●●건강을 위한 호신술

몸을 움직여 신체를 건강하게 하는 것을 '양생'이라 한다. 호신술을 통해 면역력을 높이고 건강한 몸을 만들 수 있다. 호신술의 다양한 동작이 전신의 근육을 골고루 자극하여 건강에 도움을 주기 때문이다.

일반인이 평소 사용하지 않는 발차기는 자신의 능력에 맞게 꾸준히 연습하면 유연성 증진과 신체의 탄성 유지에 큰 도움이 된다. 무리하지 않는 범위 내에서 연습하는 발차기는 무릎 건강에도 아주 좋다. 주먹 지르기와 다양한 손동작은 동결견(흔히 '오십견'이라고 부른다)을 예방하고 상체 근력을 강화한다.

ROM (Range of Motion)은 관절의 가동 범위를 말한다. ROM을 최대한 자극하면 가동범위가 늘어나는데, 나이가 들면 최대한 무리하지 않는 범위 내에서 운동해야 한다. 전신을 사용한 다양한 호신술 동작 연습은 몸의 탄성과 활력 증진에 도움이 된다.

신체 활력에 도움이 되는 호신술은 아래와 같이 신경 써야 할 점이 있다.

■ 점진적으로 강도를 높여야 한다

처음 접하는 동작을 너무 열심히 하다보면 몸에 무리가 오기 쉽다. 일반인이 익숙하지 않은 발차기나 꺾기 등의 동작을 하면 근·골격계의 통증이 올 수 있다. 동작이 몸에 익숙해지도록 천천히 연습하는 것이 중요하다. 절대로 무리하지 말고 천천히 연습해야 한다.

■ 자신의 한계치를 적절히 자극한다

운동의 강도가 너무 약하면 효과가 없다. 체력은 자신의 한계점을 지속해서 자극했을 때 향상된다. 운동의 목적에 따라 훈련 강도 조절이 필요하다. 특히 발차기 훈련은 관절의 가동범위를 잘 조절해야 한다. 관절을 다 뻗어 차는 것보다 끊어 차는 것이 안전하다. 모든 운동의 적당한 강도는 통증이 생기지 않는 범위이다.

건강을 위한 운동의 가장 권장되는 강도는 중강도이다. 저강도는 운동효과가 적고, 고강도는 지속하기 어려우며 부작용이 많다. 자신의 체력 수준에 맞는 운동 강도를 찾아 적절하게 자극해야 한다.

■ 꾸준히 반복하여 일상생활의 루틴으로 자리 잡는다

아침에 일어나 화장실에 가고 물을 한 잔 마시는 것은 일반인의 일상적인 루틴이다. 건강을 위한 호신술도 맨손체조처럼 수시로 연습하면 좋다. 몸에 도움을 주기 위한 훈련은 꾸준히 하지 않으면 효과가 없다. 꾸준함이 가장 중요하다.

▬ 영양과 휴식에도 신경 쓴다

호신술 훈련을 마친 직후에 우리 몸의 면역력은 일시적으로 떨어진다. 신체활동으로 따뜻해진 몸을 갑자기 차가운 외부에 노출시키거나 씻지 않는다면 바이러스가 몸으로 들어오기 십상이다. 가장 먼저 잘 씻는 것이 중요하다. 적당한 온도의 물로 샤워를 하면 가장 좋다. 떨어진 면역력은 휴식과 영양의 섭취를 통해 상승 곡선을 그린다.

신체활동 이후에 몸은 영양분을 흡수하려는 성질이 있다. 양질의 탄수화물과 단백질의 섭취가 좋다. 우유나 두유, 과일을 추천한다.

Part3

생존 체력과
호신능력
향상을 위한 방법

Part 3
생존 체력과
호신능력
향상을 위한 방법

호신능력을 향상하기 위한 훈련 방법은 매우 다양하다. 훈련을 통해 몸을 단련하면 체력이 좋아지고 건강에도 큰 도움이 된다. 호신술을 익히는데 기구의 도움은 특별히 필요 없다. 이 장에서는 호신술에 필요한 다양한 훈련법을 소개한다.

호신술과 같은 운동을 글로 배우기는 어렵다. 시각적으로 느끼고 배우는 것이 가장 효과적이다. 인체의 여러 감각 중에서 시각은 운동능력 향상과 새로운 기술 습득을 위한 매우 중요한 감각이다. 시범 영상을 보고 머리로 느끼며, 실제로 연습해서 내 것으로 만드는 과정이 필요하다.

● ●근력 향상을 위한 홈트레이닝

집에서 할 수 있는 맨몸운동은 장소의 제한이 없고, 이동 시간이나 비용이 필요하지 않다. 누구나 쉽게 집에서 맨몸운동을 시작할 수 있다. 건강을 위한 이상적인 홈트레이닝은 체력의 구성 요소를 골고루 향상해야 한다. 유연성과 근력을 길러주고, 심폐기능을 강화하며, 몸의 균형 감각까지 키워주는 운동이 가장 이상적이다. 호신능력 향상을 위해서는 특히 근력의 강화가 중요하다. 근력을 강화하는 방법은 크게 3가지(머신웨이트, 프리웨이트, 맨몸운동)이다.

맨몸운동은 특별한 도구를 사용하지 않고 자신의 체중만을 이용한 저항운동이다. 웨이트 트레이닝보다 안전하고, 근력을 비롯해 다양한 체력을 키울 수 있다. 단, 맨몸운동은 아주 큰 근육 성장을 기대하기 힘들고, 일정 강도의 근력만을 향상시키기 때문에 금방 한계에 이르는 단점이 있다.

호신술에 필요한 근력운동은 전신의 근육을 골고루 발달시켜야 한다. 타격의 힘은 하체에서 시작해 중심 근육을 거쳐 타격 부위로 이어진다. 그리고 버티는 힘은 하체의 안정성과 전신 근육의 조화가 필수적이다. 목 근육의 발달과 복근의 발달은 타격에 대한 충격량을 완화하는 쿠션과 같은 역할을 하여 맷집을 강하게 한다.

근력을 만드는데 걸리는 시간은 성별, 연령, 신체, 경력 등에 따라 다르다. 꾸준한 트레이닝으로 습관화하는 것이 좋다.

■ 상체근력 향상의 지름길 '팔굽혀펴기'와 '한팔버티기'

팔굽혀펴기_ 대흉근과 상완삼두근을 강화하는 데 효과적이다. 손의 위치 방향 등에 따라 다양한 근력을 강화할 수 있다. 팔굽혀펴기는 뒤통수와 뒤꿈치까지 일직선이 되도록 한다. 턱이 바닥에 닿은 후 밀어낼 수 있어야 한다. 정권을 바닥에 대고 하면 펀치력을 강화하는 데 효과적이다.

한팔버티기_ 팔의 근력과 코어근육을 강화하는 동작이다. 팔굽혀펴기와 마찬가지로 주먹을 쥐고 버티는 동작은 펀치력 강화에 큰 도움이 된다.

■ 하체근력 향상의 지름길 '스쿼트'와 '런지'

스쿼트_ 가슴을 펴고, 내려갔을 때 무릎이 발끝보다 앞으로 나가지 않도록 한다.

런지_ 런지는 스쿼트에 비해 중심이 많이 흔들린다. 흔들림이 없도록 신경 쓴다. 스쿼트와 런지는 가동범위를 작게 시작하여 점차적으로 늘린다.

■ 안전한 코어근육 운동 '플랭크'와 '크런치', 하복부를 강화하는 '레그레이즈'

플랭크_ 복부근육 강화에 좋은 플랭크는 정적인 근력운동이므로 척추에 부담이 적다. 뒤통수와 뒤꿈치까지 일직선이 되도록 한다. 점차 버티는 시간을 늘려가도록 한다.

크런치_ 주로 상복부를 강화한다. 상체를 말아 올릴 때 시선은 복부를 향한다.

레그레이즈_ 다리를 올리고 내리면서 하복부를 강화하는 운동이다. 시선을 발쪽으로 향하여 바닥과 허리 사이에 공간이 생기지 않도록 유의한다. 또한, 허리에 통증이 생기지 않도록 무릎을 살짝 구부린다.

━ 홈트레이닝의 꽃 '철봉운동'

가정용 철봉을 설치하여 상체근력을 강화할 수 있다. 최근에는 못을 박지 않고 설치하는 철봉도 있어서 부담 없이 설치할 수 있다. 철봉은 잡는 위치와 방향 등에 따라 다양한 트레이닝 효과가 있다. 철봉은 주로 광배근과 팔의 근력을 강화하고, 다리를 끌어올림으로써 복부를 단련할 수 있다.

●●기본 손동작 7단계

효과적인 타격과 방어를 위한 기본 손동작 루틴이다. 아래막기, 몸통막기, 얼굴막기, 손날목치기, 바탕손막기, 등주먹치기, 손날옆막기 7개 동작이다. 몸을 사용하는 방법을 익히는 데 큰 도움이 된다. 예비 동작 시에 팔만 사용하는 것이 아니라 허리의 움직임을 함께해야 큰 힘이 생긴다.

공격과 방어에 있어서 효과적인 시작점과 끝점을 알고 연습해야 한다. 기본 손동작 7단계 연습은 방어와 공격의 가장 기본 감각을 키우는 훈련이다.

기본 감각이 형성되면 다양한 호신술 상황에 응용할 수 있다. 초보자는 천천히 구분 동작으로 연습한다. 동작에 힘이 실리도록 호흡, 속도의 완급, 힘의 강함과 부드러움, 당기는 손의 속도에 신경 쓴다.

■ 아래막기

발차기 공격을 방어하는데 효과적인 막기이다. 어깨에서 시작하여 막는 주먹을 허벅지 앞에 둔다. 허벅지와 막는 손의 간격은 한 뼘 간격으로 한다.

주먹을 옆으로 돌려 시작하여 인체의 중앙까지 막는다. 몸통막기, 손날목치기, 바탕손막기의 예비동작에서 손바닥을 옆으로 돌리지 않으면 미는 형태의 공격과 방어가 된다. 손바닥을 옆으로 돌려 회전력을 키워야 타격에 힘이 생긴다. 주먹의 높이는 어깨에 맞추고, 팔의 내각은 90도~120도를 유지한다.

■ 얼굴막기

주먹을 허리에서 시작하여 이마 위로 막고, 세운 주먹 한 개 정도의 간격을 둔다. 주먹이 아닌 팔목으로 막는다.

━━ 손날목치기

손바닥을 옆으로 돌려 시작하여 상대의 목을 친다.

━━ 바탕손막기

손바닥을 옆으로 돌려 시작하여 명치 높이로 막는다.

━━ 등주먹치기

겨드랑이 밑에서 시작하여 상대의 인중을 친다.

팔꿈치 밑에서 시작하여 손날을 휘둘러 옆 공격을 막는다. 손끝의 높이가 어깨 높이가 되도록 한다.

●●몸에 익히면 좋은 바깥막기

상대가 나에게 큰 충격을 가하려고 할 때 몸통보다는 얼굴을 향해 공격할 확률이 높다. 몸통보다 상대적으로 질량이 작은 얼굴을 공격하는 것이 더 큰 충격을 줄 수 있기 때문이다. 바깥막기는 뺨을 때리거나 얼굴을 향해서 주먹이 다가올 때 효과적으로 방어하는 방법이다. 바깥막기는 팔만 사용하는 것이 아니라 허리를 틀어 몸을 함께 움직이는 것이 중요하다. 몸을 비트는 동작을 통해 상대의 타격력을 감소시켜야 한다.

바깥막기는 얼굴막기를 응용한 방어법이다. 얼굴막기의 시작점과 끝점 연습을 통해 감각을 키운다. 바깥막기는 크게 두 가지 방법이 있다. 팔목의 넓은 근육으로 걷어내면서 막는 방법과 척골뼈가 있는 부분으로 팔목을 회전시켜 막는 방법이다. 상대의 공격을 주먹이나 손바닥으로 막는 것에 비해 전완에 있는 근육과 긴 뼈로 막기 때문에 방어에 유리하다.

팔목의 근육으로 걷어내면서 막는 방법은 상대의 공격을 방어하는데 집중한다. 척골뼈가 있는 팔목을 회전시켜 막는 방법은 상대에게 타격감을 주지만, 내 팔목도 통증을 감수해야 한다. 바깥막고 지르기는 아주 효과적인 방어와 공격법이다.

■ **근육과 뼈를 이용한 바깥막기**

■ 바깥막고 지르기

● ● 쉽고 효과적인 손가락 꺾기

　호신술을 익혔더라도 위급한 상황에 닥치게 되면 아무 생각이 안 날 수 있다. 더군다나 상대와 체격의 차이가 크다면 기술을 걸어 위급 상황을 이탈하거나 제압하기가 어렵다. 위급한 상황에서 화려한 기술은 필요 없다. 화려한 호신술은 영화나 시범에서만 필요하다. 위기에서 벗어나고 상대를 제압하는 실생활 호신술은 최대한 간략하고 쉽게 해야 한다. 힘이 약한 사람도 쉽게 사용할 수 있는 호신술이 가장 효과적인 호신술인데, 손가락 꺾기는 누구나 쉽게 할 수 있다.

　<u>손가락 꺾기 호신술은 대부분의 위급 상황에서 가장 먼저 실시할 수 있는 쉽고 효과적인 방법이다.</u> 어려운 기술을 이용하는 것보다 간단하게 손가락을 꺾는 것만으로도 위급 상황에서 벗어날 수 있다. 손가락은 여러 개를 꺾지 않고 하나만 꺾어도 된다. 손가락 꺾기는 여러 사람과 많은 연습을 통해 손의 감각을 익히는 것이 중요하다.

손가락 꺾기의 잘못된 예

손가락 꺾기의 정확한 예_ 손바닥을 이용해 수직으로 꺾는다.

예 멱살을 잡혔을 때, 헤드락에 걸렸을 때, 뒤에서 잡혔을 때, 머리카락을 잡혔을 때 등에서 손가락 꺾기를 사용할 수 있다.

● ● 꺾기의 기본 감각 키우기

상대를 꺾는 여러 기술을 익히기 전에 먼저 기본 4가지 감각을 키우는 것이 좋다. 꺾기의 기본 감각 키우기는 여러 호신술에 응용되는 기본 감각이니 많은 연습으로 몸이 기억하도록 한다. 꺾기 감각은 몇 번 연습한다고 몸에 익숙해지는 것이 아니다. 좌우 상황을 번갈아 가며 꾸준히 연습하길 권장한다.

■ 손목 안 꺾기

상대의 손바닥이 하늘을 향하도록 들어 올린다. 양손으로 상대의 손등을 잡는다. 잡은 손을 가슴에 붙여 인사하듯 꺾는다.

■ 손목 바깥 꺾기

상대의 새끼손가락이 하늘 방향으로 돌아가도록 손목을 꺾어서 제압한다. 상대의 옆으로 이동하는 것이 중요하다.

■ 팔꿈치 꺾기(팔 꺾기의 기본 1)

상대의 왼손으로 내 왼쪽 손목을 잡힌 경우, 오른발이 앞으로 나가면서 왼손을 들어 올려 상대의 손목을 잡는다. 왼발이 뒤로 빠지면서 손날이나 팔꿈치를 이용하여 상대의 관절을 수직으로 누른다. 중심을 낮추면서 꺾어야 큰 힘이 실린다. 다양한 상황에서 꺾기에 가장 필요한 감각 중 하나이니 많은 연습을 권장한다.

▬▬ 팔 제압 후 손목 꺾기(팔 꺾기의 기본 2)

상대의 왼손으로 내 오른쪽 손목을 잡힌 경우, 오른손을 위로 들어서 상대의 손목을 잡는다. 팔꿈치로 상대의 팔을 제압한 후 손목을 꺾는다. 상대의 손등이 아닌 엄지손가락이 아래로 향하도록 꺾는다. 앞서 설명한 꺾기의 기본 감각 4가지 중에서 가장 익히기 어려운 동작이다. 많은 연습이 필요하다.

●●단단한 주먹과 손날 만들기

상대방을 타격하기 위해서는 단단한 주먹과 손날을 만들 수 있어야 한다. 어설프게 힘을 주면 타격을 정확하게 하더라도 힘을 제대로 전달할 수 없다. 주먹과 손날은 샌드백, 나무, 단련대 등을 치면서 강화시킬 수 있다.

■ 주먹

주먹을 쥐었을 때 주먹 안에 공간이 없어야 한다. 일반적으로 주먹을 쥐고 손바닥 쪽을 봐서 엄지손톱 이외의 손톱이 보이지 않으면 단단하게 말아 쥔 것이다. 단단하게 말아 쥔 주먹은 손목의 흔들림을 방지하고, 전완을 강하게 하여 타격력을 높인다. 위급 상황에서는 볼펜, 라이터와 같은 물건을 함께 말아 쥐어 주먹의 강도를 높일 수 있다.

_ 손톱이 보이면 잘못 쥔 주먹이다.

잘못된 예

정확한 예

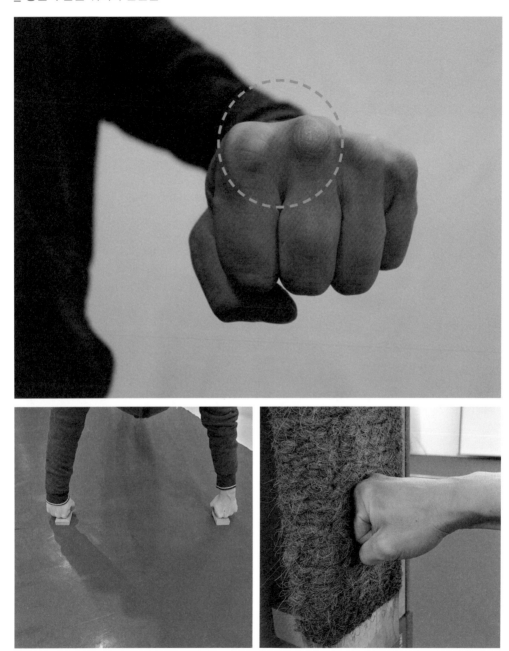

■ 손날

주먹을 단단하게 만드는 것과 마찬가지로 손날을 만드는 방법도 연습이 필요하다. 5개의 손가락이 모여 있어야 하며, 타격 부위는 손가락 부위가 아닌 새끼손가락 아래 부위이다. 손날 격파의 고수들은 이 부분을 단련하여 강하게 만든다.

_ 손날의 단련 위치

_ 낙법을 할 때 손바닥 대신 손날을 치거나, 단련대와 샌드백 등을 치면서 손날을 강화할 수 있다.

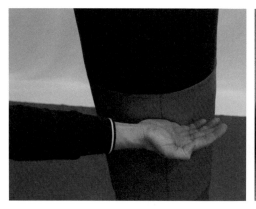

● ●강력한 한방을 위한 실전 주먹 기술

펀치력을 키우기 위해서는 주먹 지르기에 필요한 주요 근육을 강화해야 한다. 주로 대흉근(가슴 근육)과 상완삼두근(팔 근육의 뒷부분)이 가장 많이 작용한다. 대흉근과 상완삼두근을 키우기 위해서 주먹 쥐고 팔굽혀펴기를 권장한다. 주먹을 쥐고 정권을 땅에 대고 팔굽혀펴기를 하면 펀치력 강화에 필요한 근육을 직접적으로 키울 수 있다. 근육 단련과 더불어 쉐도우복싱을 하거나 샌드백을 치면 주먹을 효과적으로 사용하는 타격 감각을 키울 수 있다.

체중이 주먹 끝에 실리기 위해서는 체중의 이동과 허리의 움직임이 중요하다. 주먹의 힘은 발에서부터 시작한다. 단순히 팔의 힘으로 치는 것이 아니라 몸을 사용하는 방법을 터득해야 한다. 모든 주먹 기술 수행 시 반대 손은 얼굴을 가려 상대의 공격에 대비한다. 주먹 기술은 크게 3가지로 구분한다.

■ 앞지르기

상대의 인중을 목표로 한다. 체중을 앞으로 옮기면서 뒷발을 들어 허리를 돌리면서 주먹을 뻗는다. 지르는 손의 어깨는 얼굴 쪽으로 올려 방어에 신경 쓴다. 주먹 지르기 시에 반대 손이 턱을 방어해야 한다.

■ 돌려지르기

상대의 턱이나 관자놀이를 목표로 한다. 뒷발을 들어 허리를 돌리면서 지른다. 전완이 지면과 수평이 되도록 한다.

■ 올려지르기

주로 가까이 있는 상대의 턱을 공격할 때 사용한다. 몸을 비틀어 주먹이 내 반대편 눈썹 쪽을 향한다고 생각하면서 연습한다.

초보자에게 올려지르기는 앞지르기와 돌려지르기에 비해 익히기 어려운 동작이다. 꾸준한 연습이 필요하다.

●●가까이 있을 때 효과적인 타격 방법

상대방과 거리가 먼 경우에는 발차기 공격이 유리하고, 근접한 상황에서는 주먹 공격이 효과적이다. 상대방과 더욱 가까워진 상황이라면 박치기와 무릎차기, 그리고 팔굽치기 공격이 좋다. 특히 여성이 호신술을 사용해야 하는 대부분은 상대와 가까이 있는 경우가 많다. 이마, 무릎, 팔굽을 이용한 공격은 체격이 작거나 힘이 약한 사람도 크고 강한 사람을 제압할 수 있는 좋은 타격 기술이다.

■ 박치기

박치기는 자신의 이마로 상대의 인중이나 코를 공격한다. 머리뼈의 구조상 이마가 가장 단단하다. 강한 부분으로 약한 부분을 치는 것이 타격의 기본이다. 아래에서 위로 무릎을 구부렸다가 박치기를 하면 더욱 위력적이다. 뒤로 박치기는 뒤통수를 이용한 공격이기 때문에 주의해야 한다. 뒤통수를 이용하여 공격하는 것은 이마를 이용한 공격에 비해 위험하다. 뒤통수의 타격으로 인한 충격량이 이마로 가격할 때보다 쉽게 뇌로 전달되기 때문이다.

■ 무릎차기

무릎차기는 인체에서 가장 단단한 뼈 중 하나인 대퇴골을 이용한 공격이다. 주로 낭심이나 명치, 갈비뼈를 공격한다. 큰 타격력을 발휘하기 때문에 상대적으로 근력이 약한 사람이 사용하면 좋다. 무릎차기 공격을 할 때는 손으로 상대의 목덜미를 잡아당기면서 공격하면 훨씬 위력적이다. 상대의 목을 잡아 빠져나가지 못하게 하는 동작을 '목씨름'이라고 표현을 한다. 상대의 목을 잡았을 때 팔꿈치를 모으듯이 힘을 주면 상대가 쉽게 벗어나지 못한다.

_ 공을 무릎으로 차는 훈련은 감각을 키우는데 효과적이다.

■ 팔굽치기

팔굽치기는 상대와 근접한 상황에서 허리의 뒤틀리는 힘을 이용해 공격한다. 변칙적인 기술이기 때문에 상대가 쉽게 눈치채지 못한다. 상대의 목덜미나 의복을 잡아당기면서 공격하면 더 큰 힘을 발휘한다. 팔굽치기는 강한 공격력만큼 내 몸에 가해지는 충격량도 크다. 샌드백이나 미트를 치는 연습 중에 두통이 생길 수 있으니 주의한다.

●●발차기

태권도나 호신술 같은 무술에 관심이 있는 사람이라면 발차기를 잘하고 싶은 로망이 있을 것이다. 발차기를 멋지고 강하게, 그리고 빠르게 차기 위해서는 많은 연습이 필요하다. 발차기의 핵심은 발끝에 힘을 싣는 것이다. 발끝에 힘을 싣기 위해서는 무릎을 접는 감각을 익히는 것이 가장 중요하다. 발차기는 손을 이용한 공격에 비해 파워가 훨씬 큰 장점이 있지만 느린 단점이 있다. 연습을 통해 얻어진 발차기 능력은 손기술만큼 내 몸을 지키는 강력한 무기가 된다.

발차기를 할 때는 발에 단단하게 힘을 준다. 주먹이나 손날에 힘을 주는 것은 어렵지 않으나 발끝에 힘을 주는 것은 상대적으로 어렵다. 차는 순간 상대를 봐야 하며, 주먹으로 몸통을 보호한다.

발차기는 하체 근력과 평형성을 강화하는 데 도움이 된다. 일반인에게 있어서 발차기 연습은 일상적인 것이 아니다. 앞차기 연습 중에는 특별한 통증이 발생하지 않지만, 돌려차기와 옆차기, 비틀어차기 연습 중에는 근·골격계(특히 허리나 골반, 무릎) 통증이 발생할 수 있다. 평소 일상생활에서 사용하지 않는 근육을 사용하기 때문이다. 익숙하지 않은 동작이 몸에 배기 위해서는 시간이 필요하다. 조바심을 가지지 말고 점진적으로 강도를 높여 꾸준히 연습해야 한다.

■ 앞차기

앞차기는 가장 기본이 되는 발차기이다. 앞축이나 발등을 이용하여 주로 상대의 낭심이나 명치, 턱을 찬다. 초보자에게는 앞축보다 발등으로 차는 것이 쉽다. 앞축 만들기는 발등 만들기와 비교해 더 큰 노력이 필요하다. 앞차기 시 지면을 딛는 디딤발이 90도 돌아가서 허리의 사용이 이루어져야 한다.

이때 앞축을 이용하여 발바닥을 회전한다. 모든 발차기는 무릎을 충분히 접어서 차야 강한 타격력이 생긴다.

■ **돌려차기**

앞축이나 발등으로 찬다. 지면을 딛는 디딤발이 90도 이상 돌아가고 허리가 돌아가야 한다. 허리를 돌리는 감각이 잘 익혀지지 않을 경우, 어깨를 돌린다고 생각하면 쉽다. 발등으로 벽을 가볍게 찬다는 생각으로 연습하면 좋다.

▬ 옆차기

발날과 뒤꿈치를 이용하여 상대를 찬다. 초보자들이 연습할 때 앞차기, 돌려차기에 비해 익히기 어렵다. 돌려차기와 예비동작이 틀리니 천천히 연습하여 자세를 교정한다. 예비동작 시 발가락을 몸쪽으로 당겨 디딤발을 90도 돌리고, 찰 때 디딤발을 차는 방향과 반대로 180도 돌리면서 체중을 앞으로 전달한다.

■ 비틀어차기

몸을 비틀어 발등이나 앞축으로 상대를 찬다. 택견의 대표적인 동작으로 째차기, 곁차기라고도 표현한다. 비틀어차기는 변칙적인 발차기로 상대의 의표를 찌르기 좋다. 디딤발이 90도 돌아가서 허리의 사용이 이루어져야 한다.

●●발차기 실력이 향상되는 방법

발차기 실력이 향상되기 위해서는 다양한 방법으로 주요 근육과 운동감각을 키워야 한다. 주먹 기술과 다르게 유연성 향상도 필요하다.

혼자서 연습하는 경우 크게 3가지를 신경 쓰면 좋다. 높이 차기, 끊어 차기, 버티기를 꾸준히 연습하면 누구나 발차기를 잘 할 수 있다. 이 3가지 방법을 통해 발차기를 수행하는 근육에 과부하를 준다.

■ 높이 차기

발차기를 높이 차기 위해 꾸준히 연습하면 실력이 향상되고, 관절의 가동범위가 높아진다. 추진력을 이용한 높이 차기는 동적 스트레칭의 효과가 있다. 자신의 한계점을 넘기 위해 높게 차려고 노력한다. 무리하다가 넘어지면 부상이 생길 수 있으니 점진적으로 높이를 조절하면서 연습한다.

■ 무릎 접어 차기

실제 상황에서 발차기는 무릎을 빠르게 접어서 차야 한다. 무릎을 빠르게 접어서 차는 동작을 끊어 찬다고 표현한다. 발차기를 빠르게 접지 않으면 상대에게 다리를 잡혀 넘어질 수 있다. 발차기를 끊어 차는 연습은 관절을 보호하는 데 효과가 있다. 무릎 관절의 100%를 뻗어 차는 동작은 화려하고 정적인 멋이 있지만, 실전에서는 끊어서 차야 한다. 끊어 차는 동작은 대퇴이두근이 가장 직접적으로 관여한다. 무리하게 끊어 차는 동작을 연습하다가 햄스트링의 부상을 입기 십상이다. 훈련 전에 충분히 마사지하거나 준비운동을 해야 한다.

■ 버티기

근육운동은 근육의 수축에 따라 등장성(근육의 길이가 변화)과, 등척성(근육의 길이가 변하지 않음), 등속성(일정한 속도로 변화)운동으로 나뉜다. 발차기의 버티기는 등척성운동을 이용한 훈련이다.

발차기를 찬 상태에서 버티는 연습은 단순히 하체의 근력만으로 되지 않는다. 하체의 근력, 코어근육을 비롯해 전신의 근육이 골고루 필요하다. 버티는 힘을 키우기 위해서는 벽을 잡고 발차기를 연습하면 좋다. 등척성운동을 이용한 버티기 훈련은 앞서 말한 높이 차기와 접어 차기에 비해서 안전하지만, 무리하게 높이 올려 버티면 통증이 발생한다.

골반이나 무릎, 심지어 어깨나 목의 통증이 발생하기도 하니 충분히 몸을 풀고 낮은 높이부터 연습해야 한다.

위의 3가지 방법은 혼자서도 충분히 연습이 가능하다. 이 3가지 방법과 더불어 타격 감각을 높이기 위해 타겟(미트, 샌드백, 호구 등)을 차고, 상대와 맞서는 연습을 통해 거리조절 감각을 키우는 것이 좋다.

●●잡고 발차기

중심이 흔들리지 않도록 벽이나 물건을 잡고 하는 발차기는 발차기 능력과 하체 근력 향상을 위해서 아주 효과적인 트레이닝 방법이다. 하체의 근력을 주로 강화하고, 코어근육(몸의 중심부 근육) 발달에도 발차기가 효과적이다. 자신의 능력에 따라 발차기 높이를 조절하여 무리하지 않도록 한다. 무리할 경우 근·골격계(특히 허리, 골반, 무릎)의 통증이 생길 수 있다.

■옆 올리기
발가락이 아닌 뒤꿈치를 높게 올린다는 느낌으로 연습한다. 관성을 이용하여 시계추가 움직이듯 발을 높게 올리는 연습이다. 뒤꿈치가 높게 올라가도록 하고, 지면의 디딤발이 차는 방향과 반대로 180도 돌아가도록 연습한다. 관절의 가동범위를 높이는 데 중점을 둔다.

■ 돌려차기

발가락을 멀리 보내고, 발등으로 벽을 차듯이 연습한다. 돌려차기를 할 때 앞축을 이용하면 발등으로 찰 때보다 타격점이 좁기 때문에 힘이 더욱 집중되지만, 일반적으로 발등으로 차는 것이 연습하기 쉽다.

■ 옆차기

뒤꿈치와 발날을 멀리 보낸다는 느낌으로 찬다. 옆 올리기와 마찬가지로 지면의 디딤
발이 차는 방향과 반대로 180도 돌아가게 한다. 차는 동작의 예비동작 시, 발의 위치가
안쪽에서 시작해야 한다.

━ 후려차기

옆차기와 같은 예비동작을 취하고 다리를 바깥으로 접어 찬다.

 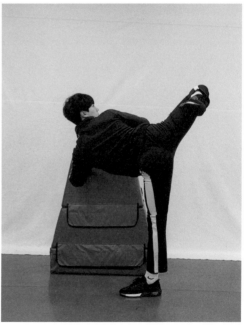

●●타격 연결기술

여러 동작을 연결한 기술을 콤비네이션이라고 한다. 동작을 어떻게 조합하느냐에 따라 수백 가지가 될 수 있다. 아래의 내용은 실제 상황에서 도움이 될 만한 대표적인 콤비네이션 공격이다.

■ 원투(앞지르기 2번) + 앞차기

■ 원투(앞지르기 2번) + 돌려차기

■ 원투(앞지르기 2번) + 돌려차기 + 뒤돌아 등주먹치기

●●피하기와 스텝

상대방에게 잡히거나 마주한 경우에 몸을 잘 쓰기 위해서 중요한 것이 스텝이다. 상대와 대치한 상황에서 스텝을 통해 거리와 각도 조절이 잘 돼야 상대방을 효과적으로 공격하고 방어할 수 있다. 체중을 발의 앞축에 싣고, 중심의 높낮이가 생기지 않도록 지면에 스치듯 움직인다.

스텝을 뛰는 훈련은 하체를 강화하여 건강 증진에도 도움이 된다. 엉덩이와 허벅지 근육은 인체의 근육 중에 가장 큰 근육이다. 근육량을 늘려 인체의 대사를 활발하게 하고, 몸을 바르게 하는 긍정적인 효과가 있다.

상대에게 다가갈 경우에는 뒷발을 이용해 지면을 밀고, 뒤로 피하는 경우에는 앞발을 이용한다. 상대가 밀거나 다가올 때 어깨를 비틀어 좌우로 피한다.

● ●구르기

　구르기는 낙법과 같이 넘어지는 상황에서 몸의 충격을 완화하는 기능을 한다. 꾸준히 연습하면 몸이 바르게 교정되고, 신체 조정력이 좋아지는 효과를 얻을 수 있다. 구르기는 일반적으로 낙법보다 쉽게 익힌다. 전방회전낙법을 배우기 전, 앞구르기를 통해 구르는 감각을 키우는 것이 좋다. 다리벌려구르기는 하체 유연성 향상에 도움이 된다. 앞구르기를 하다가 다치는 경우는 드물지만, 다리벌려구르기는 햄스트링 부상에 주의해야 한다.

■ 앞구르기

■ 다리벌려구르기

● ● 낙법

낙법은 넘어지거나 높은 곳에서 떨어질 때 내 몸에 가해지는 충격을 완화하는 방법이다. 일상생활이나 스포츠 활동 등을 하다 보면 넘어지게 되는 경우가 종종 발생한다. 몸의 접촉 면적을 순차적으로 높여 몸에 가해지는 압력을 분산시키는 방법이 낙법이다. 낙법 연습을 통해 안전하게 넘어지는 방법을 익히게 된다. <u>구르기와 낙법 연습은 목과 복근을 강화시키는 효과가 커서 운동 전후 체력운동으로 안성맞춤이다.</u>

낙법은 전방낙법, 후방낙법, 측방낙법, 전방회전낙법, 장애물낙법 등이 있다. 딱딱한 바닥에서 연습하지 말고 푹신한 매트가 있는 곳에서 안전하게 연습해야 한다.

처음 낙법을 연습할 때는 천천히 연습하여 자세를 익힌다. 안정적인 자세가 몸에 익혀지면 난이도를 높여 연습한다. 처음부터 무리하게 연습하면 부상의 위험이 크다. 특히 쇄골과 목, 어깨, 허리의 부상에 유의해야 한다. 낙법 시에는 머리 부분을 보호하는 것이 가장 중요하다. 특히 넘어질 때 영구치의 손상, 후두부 부상으로 인한 지주막하 출혈 등을 조심해야 한다.

■ 전방낙법

무릎을 꿇고 앉아 허리와 가슴을 편다. 팔을 구부려 삼각형으로 만들고, 엄지를 제외한 손가락은 모은다. 나무가 쓰러지듯 앞으로 넘어지며 연습한다. 손이 바닥에 닿는 순간 고개를 옆으로 돌려 치아를 보호한다.

■ 후방낙법

턱을 가슴으로 당겨 시선을 발이나 배꼽을 향하도록 하고 바닥에 머리가 닿지 않도록 한다. 뒤통수가 바닥에 닿으면 숨뇌(뇌의 가장 취약한 부분)에 충격이 가해져 위험할 수 있다. 몸통과 팔의 각도는 30~40도 정도가 적당하다. 다리를 너무 높게 올리면 뒤통수가 땅에 닿을 수 있으니 90도 이상 올리지 않도록 한다.

■ 측방낙법

후방낙법과 마찬가지로 턱을 가슴으로 당긴다. 시선을 발이나 배꼽을 향하도록 하여 바닥에 머리가 땅에 닿지 않도록 한다. 허벅지와 팔이 평행을 이루게 하고, 발이 꼬이지 않도록 한다. 초보자는 누운 상태에서 팔 다리를 들어 연습하여 측방낙법 감각을 키우는 것이 좋다.

▬▬ 전방회전낙법과 장애물낙법

회전낙법을 할 때 바닥에 짚은 손부터 팔꿈치, 어깨, 등, 허리까지 순차적으로 바닥에 닿도록 한다. 이 순차적인 과정이 생략되면 특히 목과 쇄골뼈의 부상을 당하기 쉽다. 걸어가는 추진력을 이용하면 연습에 도움이 된다. 전방회전낙법이 익숙해지면 장애물을 두고 넘는 연습을 한다.

Part 4

실용 호신술 배우기

Part 4
실용 호신술 배우기

상황에 따라 다양한 변수가 있기 때문에 100% 정답인 호신술은 없지만, 다양한 기술을 알고 있으면 합리적인 움직임을 통해 지혜롭게 대응할 수 있다. 이 장에서는 위급 상황에서 효과적으로 대응할 수 있는 이탈법, 제압법, 타격법을 소개한다.

모든 연습은 한쪽만 하지 말고 오른쪽과 왼쪽을 번갈아 연습한다. 잡혔을 때는 신속하고 격렬하게 저항해야 한다. 호신술이 몸에 익숙해지기 위해서는 체격과 체력이 다른 여러 사람과의 반복 연습이 필요하다.

실용 호신술을 몇 번 배웠다고 해서 실제로 사용할 만한 수준이 되지는 않는다. 좋은 기술을 머리로 기억하는 것이 아닌 몸이 기억하도록 꾸준히 연습하는 게 가장 중요하다. 익숙함이 곧 실력이다.

●●한 손으로 손목이 잡혔을 때

일상생활에서 가장 흔하게 발생할 수 있는 상황이 손목을 잡힌 경우이다. 먼저 잡힌 손을 쫙 편다. 손을 펴면 <u>출구</u>(상대 손의 엄지와 나머지 손가락이 맞닿는 부분)가 넓어진다. 내 엄지손가락을 출구 방향으로 돌려서 뺀다. 잡힌 손의 발걸음을 상대 쪽으로 한 발 나가면서 팔꿈치로 상대방을 가격하듯이 한다. 내 어깨를 잡힌 손목 쪽으로 가까이 붙여서 빼면 체중을 사용할 수 있기 때문에 더 큰 힘을 낼 수 있다. 손목 빼기는 단순한 기술이지만, 체격 차이가 크더라도 성공률이 높은 실용적인 기술이다. 요약하면 아래와 같다.

손을 쫙 <u>펴고</u> → 출구 방향으로 <u>돌리고</u> → 중심을 <u>이동하면서 빼다</u>.

● ●양손으로 손목이 잡혔을 때

■ 아래로 빼는 방법

잡힌 손을 다른 손으로 함께 잡아주어 체중을 실어 빼낸다. 잡힌 손보다 어깨가 위로 가게 하여 체중을 밑으로 싣는다. 다리가 앞으로 이동하면서 내 어깨로 상대의 몸통을 치듯이 한다.

잡힌 손을 밑으로 눌렀다가 순간적으로 위로 빼낸다. 다리가 앞으로 나가면서 상대방을 내 팔꿈치로 친다는 느낌으로 위로 빼낸다. 잡힌 손을 다른 손으로 함께 잡고 올려야 더 큰 힘으로 뺄 수 있다.

●●얼굴을 주먹으로 공격할 때

■ 몸을 돌려 상대의 공격을 피하고, 헤드락을 걸어 제압한다.

바깥막기는 근육으로 막는 방법과 팔목뼈(척골뼈)로 막는 방법이 있다. 막음과 동시에 상대를 공격한다.

● ●발차기를 할 때

■ 방패 막기

피하지 않고 방어를 할 때는 팔과 다리를 이용하여 방패처럼 막을 수 있다. 무릎을 높이 들어 팔꿈치에 대고, 몸을 웅크리며 방어한다. 허리 높이 이하의 발차기는 정면의 정강이 뼈가 아닌 측면의 종아리 근육으로 방어한다.

■ 막고 받아차기

태권도 겨루기의 가장 기본 전술이다. 발차기에 맞지 않기 위해서는 거리 조절 능력이 필요하다. 발차기 공격의 힘이 완충되도록 몸을 옆으로 피하면서 아래를 막고, 돌려차기로 공격한다.

잡아서 넘어뜨리기 1

옆으로 피하면서 다리를 잡는다. 상대의 목덜미를 잡고, 오금을 걸어 넘어뜨린다.

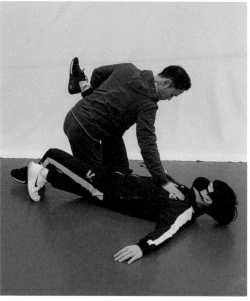

━━ 잡아서 넘어뜨리기 2

옆으로 피하면서 다리를 잡는다. 몸을 숙여 이두근을 상대의 무릎에 대고, 관절을 꺾어 넘어뜨린다. 몸을 뒤로 돌린다는 느낌으로 상대를 넘긴다.

●●멱살을 잡혔을 때

■ 멱살수 중에서 가장 쉽고 효과적인 방법이다. 한발 앞으로 나아가며 손바닥을 이용해 상대의 엄지손가락을 수직으로 꺾는다. 엄지손가락을 꺾을 때 눈치채지 못하도록 하는 것이 중요하다.

■ '팔 꺾기의 기본 2(p 98 참고)' 감각을 응용하여 상대의 손목을 꺾는다. 상대의 손바닥을 가슴에 붙인다. 자세를 낮추면서 몸을 옆으로 돌리며 꺾는다.

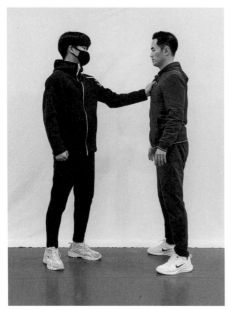 

■ 오른발이 들어가면서 상대의 오른쪽 손등을 잡고, 다시 오른발이 빠지면서 손목을 꺾는다.

■ 상대방이 멱살을 올려 잡았을 경우에는 상대의 손등을 가슴에 붙인다. 한 걸음 나아가며 인사하듯이 몸을 숙이며 꺾는다.

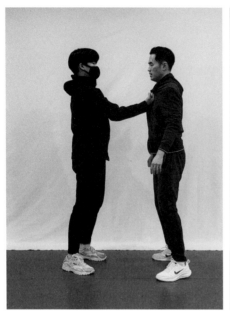

● ●뒤에서 목덜미를 잡혔을 때

■ 상대의 바깥쪽으로 돌아서 손날로 쳐낸다.

■ 상대의 안쪽으로 돌아서 방어가 취약한 부분을 타격하거나 찌른다.

●●어깨를 잡혔을 때

■ 바깥으로 팔을 휘둘러 쳐낸다. 한 손보다는 양손으로 친다.

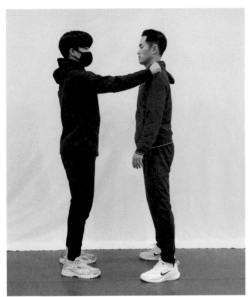

■ 오른손으로 상대의 손등을 잡아 고정시키고, 왼팔을 높게 올린다. 상대의 엄지손가락이 땅을 향하도록 왼팔을 최대한 높게 올린다(상대의 손등이 수직으로 돌아가야 기술이 쉽게 걸린다). 오른발이 뒤로 빠지면서 자세를 낮추며 누른다.

● ●어깨동무를 했을 때

■ 상대의 손가락을 벌리며, 바깥쪽으로 돌아 빠져나간다.

■ 상대의 손을 잡고 상대의 뒤로 빠져나간다. 잡은 손을 놓지 않은 상태에서 상대의 팔을 뒤로 꺾어 오금을 차 제압한다.

■ 왼팔을 수영하듯이 크게 휘둘러 위로 올린다. 오른손으로 왼손을 잡아 누르는 힘을 보탠다. 오른발이 뒤로 빠지면서 자세를 낮춰 상대의 팔을 꺾는다.

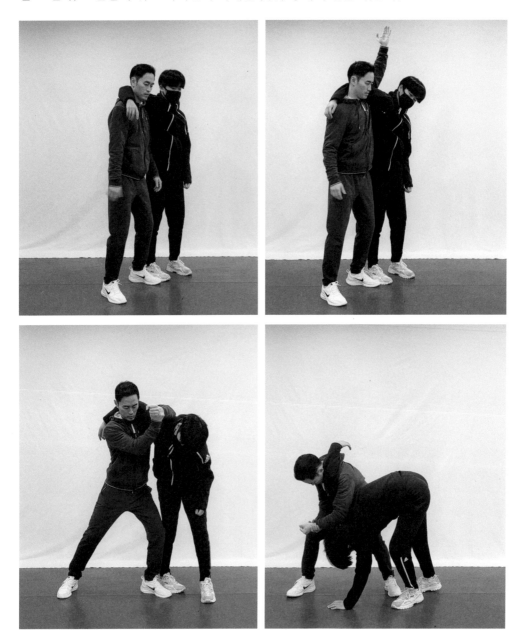

━ 상대의 안쪽으로 돌아 취약한 부분(겨드랑이, 턱, 명치 등)을 찌르거나 가격한다.

● ● 앞에서 목이 졸렸을 때

목이 졸린다는 것은 상당히 위급한 상황이다. 특히 끈이나 줄, 넥타이와 같은 것으로 목을 조르는 경우는 나를 심각하게 해치려고 하는 상황일 것이다. 상대가 목을 조르게 되면 기도를 압박해서 숨을 쉴 수 없고, 경동맥이 차단되어 뇌로 가는 혈액이 공급되지 못한다. 불과 5~6초의 공격으로도 기절할 수 있고, 조르기가 지속되면 사망할 수도 있다. 목이 졸리면 즉시 강하게 반격해야 한다. 목을 조르는 경우에 상대는 조르는 행위에 집중하기 때문에 다른 부분에는 힘이 빠져 있을 확률이 높다. 팔이 올라간 상대의 겨드랑이 부분 급소나 눈을 찌르거나, 상대가 서 있는 상황이라면 낭심을 가격한다. 목 조르기를 장난삼

아서 하는 학생들이 있는데, 목 조르기는 정말 위험한 동작이라는 사실을 명심하자.

■ 손끝이나 단단한 물건을 이용하여 상대의 눈이나 겨드랑이를 찌른다.

■ 낭심을 무릎으로 가격한다.

■ 몸을 비틀면서 손을 높게 들어 상대의 팔꿈치를 내려친다. 팔꿈치나 손으로 상대의 얼굴을 가격한다. 이 기술은 상대가 나보다 키가 큰 경우에는 쉽게 통하지 않으니 상황에 맞게 대응해야 한다.

●●뒤에서 목이 졸렸을 때

뒤에서 목을 졸렸을 경우에는 잠깐의 시간도 버티기 어렵다. 일단 상대의 팔을 강하게 밑으로 잡아당기고, 턱을 당겨 숨 쉴 공간을 확보한다. 이때 당긴 턱은 상대의 팔꿈치 쪽으로 파고들어야 공간이 더 생긴다. 숨 쉴 공간이 확보되면 손가락을 꺾거나 눈을 찔러 반격한다.

● ● 헤드락에 걸렸을 때

■ 뒤에서 목이 졸린 경우와 비슷한 상황이다. 가장 먼저 상대의 팔을 당기고 턱을 밑으로 당겨 숨을 쉴 수 있는 공간을 확보한다. 손바닥을 이용해 상대의 얼굴을 밀어낸다.

■ 숨 쉴 공간을 확보하고 손가락을 꺾어 빠져나온다.

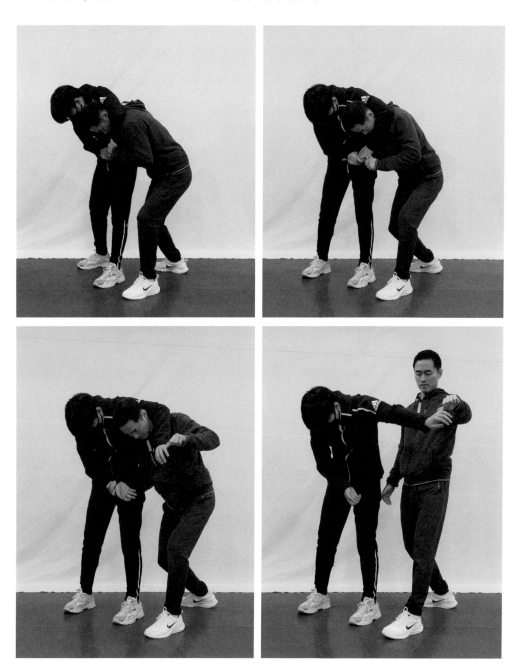

■ 앞에서 헤드락이 걸린 경우에는 팔로 상대의 낭심을 가격한다. 이때 근육으로 가격하지 말고 엄지를 하늘 방향으로 돌려 척골뼈로 가격한다. 가격할 때 한걸음 나아가면서 때리거나 몸을 일으키면서 때리면 훨씬 강한 타격을 할 수 있다.

● ●가슴이나 어깨를 밀 때

■ 시비가 붙어 상대방이 나의 가슴이나 어깨를 툭툭 미는 경우, 상대방의 미는 힘을 흘려보내면서 제압할 수 있다. 상대가 미는 순간에 몸을 돌려서 미는 힘을 흘려보낸다. 상대의 팔을 잡고 던지거나 꺾는다. '팔 꺾기의 기본 1(p 97 참고)' 감각을 사용한다.

■ 상대의 미는 팔을 잡고 목을 감아서 헤드락을 걸어 제압한다.

●●뒤에서 안았을 때

■ 양팔을 벌리고, 발을 뒤로 빼면서 엉덩이로 상대를 치듯이 빠르게 앉는다.

■ 뒤통수를 이용하여 박치기를 하거나, 뒤꿈치를 이용하여 상대의 발등이나 정강이를 힘껏 찍는다.

● ● 앞에서 안았을 때

■ 팔을 제압당하지 않은 경우에는 손으로 상대의 얼굴을 찌르거나 민다.

■ 겨드랑이 찌르기와 무릎차기는 쉽고 강력한 호신술이다.

■ 상대의 허리를 잡고, 오금을 걸어 넘어뜨린다.

● ●허리띠를 잡혔을 때

■ 한 발 나아가며, 손이 아닌 팔꿈치로 체중을 실어 밀어낸다.

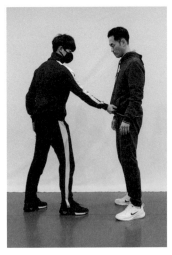 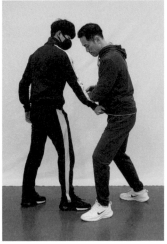 

■ 상대의 손바닥이 위를 향하는 경우에는 지렛대의 원리를 이용하여 상대의 팔꿈치를 꺾는다. 발이 함께 앞으로 나가면서 꺾는다.

■ 손바닥이 아래를 향하는 경우에는 '팔 꺾기의 기본 2(p 98 참고)' 감각을 이용하여 상대방의 팔을 꺾어 제압한다. 몸을 옆으로 돌리는 것이 중요하다.

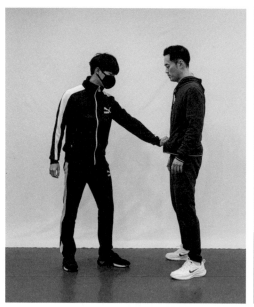

● ● 머리카락이 잡혔을 때

■ 상대의 겨드랑이를 찌른다.

■ '팔 꺾기의 기본 2(p 98 참고)' 감각을 응용한다. 한쪽 발을 뒤로 크게 빼면서 고개를 숙여 상대방의 손목과 손가락을 꺾는다.

●●뒤에서 입을 막혔을 때

뒤로 박치기를 하거나 손가락을 꺾어서 빠져나온다.

●●넘어진 상황에서 상대가 다가올 때

누워있는 나를 향해 상대가 달려들 때는 끝까지 상대를 주시해야 한다. 특히 일어나는 순간에 바닥을 보게 되면 공격을 당하기 쉬우니 상대방의 움직임을 끝까지 봐야 한다. 발차기로 상대의 관절을 차거나, 한쪽 다리를 이용해 상대의 발목을 걸고 발바닥을 이용해 상대의 무릎 관절을 밀어 넘어뜨린다.

●●태클하는 방법

소매치기와 같이 도망가는 상대를 넘어뜨리거나, 힘을 겨루는 중에 상대를 넘기기 위해서는 주로 하체를 공격한다. 몸을 낮춰 발목이나 오금을 잡고, 어깨로 밀면서 넘어뜨린다.

● ● ● 태클을 방어하는 방법

■ 정면에서 나에게 달려드는 상대의 목을 잡아 조르는 기술을 주짓수에서는 길로틴 초크라고 부른다. 뒤에서 조르는 것과 마찬가지로 짧은 시간에 상대를 기절시키는 위력적인 기술이다. 반대 손으로 팔목을 잡고, 엄지손가락을 위로 향하여 척골뼈로 상대의 목을 조른다.

■ 상대가 몸을 숙이고 다가오는 태클 공격에는 무릎차기가 효과적이다.

● ●생활용품을 이용한 호신술

만약의 상황을 대비해 전문 호신용품을 지니고 다니는 것도 좋은 방법이다. 호신용 스프레이, 쿠보탄, 경보기 등은 인터넷에서 쉽게 구입할 수 있다.

우리가 평소에 지니고 있는 생활용품도 좋은 호신 도구가 될 수 있다. 주먹이나 손날을 강하게 단련하고 발차기를 연마한 사람이라면 손과 발이 좋은 무기이겠지만, 상대적으로 주먹과 발차기가 약한 여성은 강한 물체로 타격하는 것이 좋다. 예를 들면 우리가 일상적으로 휴대하고 있는 휴대폰, 책, 열쇠나 동전, 볼펜, 우산과 같은 물건이 유용한 호신 물품이 된다. 물건을 이용하여 상대를 공격할 때는 넓은 면이 아닌 좁은 면으로 상대를 찌르거나 가격한다. 호주머니에 있는 동전도 좋은 무기가 된다. 한 개를 던지는 것보다 여러 개를 함께 던지는 것이 훨씬 파괴력이 있다.

■ 핸드폰과 책을 이용한 타격

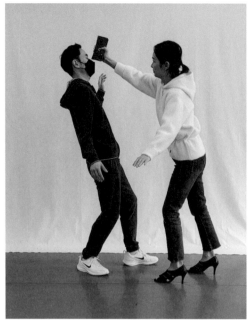

_ 타격을 할 때는 면이 아닌 모서리로 공격하는 게 효과적이다.

핸드폰을 이용한 타격의 잘못된 예   핸드폰을 이용한 타격의 정확한 예

Part 5

부상과 응급처치

Part5
부상과
응급처치

호신술 연습을 하다 보면 근·골격계의 부상이 발생할 수 있다. 근·골격계는 근육, 뼈, 인대, 힘줄을 통칭하는 것으로 강한 외력에 의해 손상을 입는 경우가 많다. 운동 중 부상을 예방하려면 준비운동을 충분히 실시하여 관절의 가동범위를 높이는 것이 중요하다. 관절이 움직이는 한계점을 벗어나거나 갑자기 큰 힘이 근·골격계에 가해지는 경우에 부상을 입기 쉽다.

특히 인지능력이 완성되지 않은 어린이의 운동이나 신체의 탄성이 떨어진 고령자 지도 시에는 부상에 각별히 주의해야 한다.

●●관절의 통증과 관리

초보자는 운동 중에 관절을 다치거나 근육 손상을 입게 될 확률이 숙련자에 비해 상대적으로 높다. 운동에 대한 몸의 적응이 있기도 전에 무리하는 것이 가장 큰 원인이다.

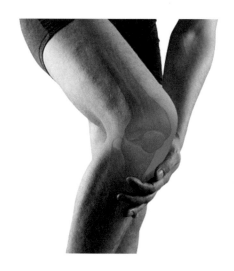

호신술 연습 중에는 꺾거나 비트는 동작이 많다. 관절은 좌우로 비트는 회전운동에 매우 취약하다. 관절을 감싸고 있는 근육이 충분히 풀리지 않은 상태에서 회전운동을 하면 손상될 확률이 높다.

관절은 몸이 움직일 수 있도록 두 뼈를 이어 주는 역할을 한다. 관절은 인대와 연골로 구성되어, 이어진 두 개의 뼈가 부드럽게 움직이도록 해준다. 관절의 통증은 손상으로부터 해당 부위를 보호하기 위한 뇌의 반사적인 작용이다. 관절의 통증에는 여러 가지 원인이 있다. 외부 충격 등으로 인해 부상을 당하거나, 올바르지 않은 자세로 운동을 지속했을 때 반복적인 스트레스가 누적되어 발생한다. 또한 너무 움직이지 않아서 근육의 유착이 생겨서 통증이 생기기도 한다.

호신술 연습 중에 관절의 통증이 발생하면 반드시 의사표시를 하고 연습을 중단해야 한다. 연습 중에는 상대를 배려하는 마음이 중요하다. 절대로 장난스럽게 연습하면 안 된다. 관절은 유기적으로 연결되어 있기 때문에 한 부분에서 통증이 발생하면 보상작용으로 인해 다른 부분도 불편해질 수 있다. 이러한 보상작용의 원리를 생각하여 호신술 연습 이후에는 교정운동과 스트레칭, 근력운동을 꾸준히 할 필요가 있다.

통증이 발생하면 강도를 줄이거나 휴식을 취하는 것이 좋다. 몸이 보내는 통증 신호를 절대 무시해서는 안 된다. 그리고 몸에 대한 이해와 회복 원리를 알고 연습하는 것이 중요하다. 몸이 지치고 힘들 때는 신체활동이 오히려 독이 된다. 과음을 했을 경우, 감기에 걸리거나 두통 등 질환이 있을 경우, 하루 일과를 너무 늦게 마친 경우, 몸이 많이 피곤할 때에는 운동보다 휴식이 필요하다. 또 배가 심하게 고프거나 지나치게 배부를 때에도 호신술 연습을 삼가야 한다.

● ● 자주 생기는 부상의 종류

■ 염좌

호신술 연습 중에 가장 흔한 부상이 염좌이다. 운동을 하다가 삐끗하는 것을 말한다. 근육이나 건, 또는 인대가 외부의 힘에 의해 지나치게 늘어나 일부가 찢어지거나 끊어진 것이다. 근육에 비해 인대와 힘줄은 탄력성이 거의 없기 때문에 다치지 않도록 조심해야 한다.

근육이나 건이 충격에 의해서 늘어나거나 일부 찢어지는 경우를 'strain'이라 하고, 인대가 늘어나거나 일부 찢어지는 경우를 'sprain'이라고 말한다. 부상의 정도가 심해 인대나 근육의 일부가 아닌 전체가 끊어지는 경우는 '파열(rupture)'이라고 한다. 염좌는 어느 정도 손상이 되었느냐에 따라 1도에서 3도까지 구분한다. 발목이나 허리, 어깨와 같이

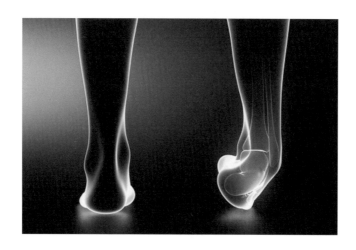

관절이 있는 부분에서 쉽게 발생한다. 발차기를 연습할 때 허벅지 뒷부분이 과신전되어 햄스트링 부상을 당하기 쉽다. 염좌를 예방하기 위해서는 준비운동을 충분히 실시하고, 무리한 동작을 하지 않아야 한다.

❶ 1도 염좌

인대와 근육이 조금 늘어난 상태이다. 병원에 가지 않아도 2~3일이면 회복된다.

❷ 2도 염좌

부분 파열이 진행된 상태로 3주 정도의 회복 시간이 필요하다. 인대는 회복되는 과정에서 전과 같이 깔끔하게 낫지 않는다. 회복되면서 인대에 흉터가 남게 되며 길이가 짧아지고 탄성이 떨어진다.

❸ 3도 염좌

완전히 근육과 인대가 파열이 된 상태를 말한다. 수술을 하거나 다른 주변 근육의 강화를 통해 회복할 수 있다.

■ 타박상

외부로부터 충돌이나 구타, 넘어짐 등에 의해 근육과 조직 등에 손상을 입어 멍들고 붓는 경우를 말한다. 호신술 연습 중 타격 연습에서 빈발하는 부상이다. 주로 주먹이나 발차기에 맞는 경우, 낙법 연습 중에 발생한다. 뼈와 근육의 손상이 없다면 대부분 저절로 좋아진다. 빠른 회복을 위해서는 부상 초기에 얼음찜질이 효과적이다. 다친 후 72시간 이후에 온찜질을 통해 회복을 돕는다.

■ 건염

건은 힘줄을 의미한다. 근육과 뼈를 잇는 부분이 건이다. 연습 중에 건의 반복적인 자극에 의하여 염증반응을 일으키는 것이 건염이다. 염증반응은 휴식이 최우선이다. 무리하게 연습을 많이 하거나, 익숙하지 않은 동작을 연습할 때 주로 발생한다.

■ 찰과상

서로 잡고 연습하다가 긁히거나 넘어지게 되면 마찰에 의해 찰과상을 입는다. 찰과상은 피부나 점막 표면의 세포층이 다친 것을 의미한다. 쉽게 말해 긁힌 상처를 말한다. 가벼운 찰과상은 특별한 치료가 필요 없다. 그러나 상처가 깊은 경우에는 2차 감염이 생기지 않도록 상처 관리에 신경 써야 한다. 잡기나 꺾기 등의 연습을 할 때는 반팔보다 긴팔을 입고 연습하는 것이 찰과상 예방에 도움이 된다.

■ 열상

날카로운 물체에 의해 피부에 손상을 입는 것을 의미한다. 열상을 당한 경우에는 2차 감염이 일어나지 않도록 상처 보호에 각별히 신경 쓴다. 날카롭거나 딱딱한 물건 옆에서 연습하면 열상을 입기 쉽다. 주변 환경을 잘 살피고 안전하게 연습해야 한다.

탈골

관절 부위에 뼈가 서로 어긋나는 것을 의미한다. 상대에게 꺾이거나 밀려서 넘어지는 경우에 자주 발생한다. 낙법이나 발차기 연습 중에도 탈골이 일어날 수 있으니 무리하지 말아야 한다. 탈골 시 무리하게 움직이면 건과 인대에 2차 부상을 입기 쉽다. 부목을 대거나 안정된 자세에서 의료기관으로 이동해야 한다.

● ● 부상을 파악하는 방법

호신술 연습 중에 부상을 당한 사람이 있는 경우, 아래의 네 가지를 기억하여 부상의 정도를 파악할 수 있다.

■ 물어본다(History)

먼저 어떻게 다쳤는지 물어보자. 부상 상황을 목격한 주변인에게도 물어봐야 한다. 다치게 된 상황을 듣기만 해서는 잘 파악되지 않을 경우에는 천천히 재연시켜 상황을 파악한다. 재연 시에 무리한 동작은 금물이다.

■ 눈으로 살펴본다(Observation)

다친 부위의 붓기 여부와 멍들기를 눈으로 확인해 보자. 붓기가 있는 경우, 부상으로 내부 출혈이 생겨 염증이 생기기 시작한 것이다. 팔과 다리의 경우, 좌측과 우측을 비교해서 붓기의 정도를 파악할 수 있다.

■ 만져 본다(Palpation)

손으로 만져 봐서 열이 나거나 붓기가 있는지 손의 촉감을 이용해 확인한다. 뜨거운 열감이 있거나 부은 느낌이 있으면 냉찜질이 필요하다.

▬▬ 가볍게 꺾어 보자(Stress test)

가볍게 눌러 보거나 꺾었을 때 통증이 심하다면 소리를 지르게 될 것이다. 절대로 무리하게 검사하면 안 된다. 부상자의 표정을 살피고 통증의 정도를 파악한다.

위의 과정을 진행해 보면 부상이 어느 정도인지 확인이 된다. 네 가지의 간단한 검사 결과에 안심이 된다면 하루 이틀 지켜보면 회복될 것이다. 검사를 진행한 결과 잘 모르겠거나 상태가 심각하다고 생각되면 빨리 병원에서 진찰을 받아야 한다.

●●응급처치의 원칙

연습 중에 다치는 경우가 발생하면 응급처치의 원칙에 따라 조치해야 한다. 열심히 연습하다 보면 부상이 발생할 수 있다. 부상을 심하게 당하면 통증, 붓기, 열, 멍들기의 네 가지 증상이 나타난다. 이 네 가지를 'Symptom & Signs'라고 한다. 네 가지의 증상이 모두 나타나면 심하게 다친 상황이다. 이렇게 부상이 발생하면 최대한 빨리 응급처치를 해야만 회복에 걸리는 시간을 앞당길 수 있다. 응급처치의 원칙인 PRICE의 법칙을 꼭 익혀 두자.

■ P (Protect)

부상 부위를 고정해야 한다. 부상 부위가 움직이면 다른 2차 손상이 올 수 있으므로 가능한 고정하고 움직이지 말아야 한다. 특히 다친 부위를 마사지하거나 당기면 절대 안 된다.

▬ R (Rest)

부상당한 부위를 휴식시키고 안정시켜야 한다. 움직임을 최소화하지 않는다면 손상 부위가 더욱 악화될 수 있다.

▬ I (Ice)

부상을 당하면 먼저 붓기를 가라앉히고 염증의 확산을 막기 위해 냉찜질을 해야 한다. 간혹 다친 부위에 온찜질이 좋다 하여 뜨거운 찜질을 하는 경우가 있는데, 불난 곳에 기름을 붓는 격이다. 뜨거운 찜질은 최소한 부기가 가라앉는 시점에 시작하도록 하자. 일반적으로 냉찜질은 72시간 정도가 원칙이고, 이후에도 통증이 심하고 시퍼렇게 멍이 들어 있으며 환부에 붓기나 열감 등이 있다면 냉찜질을 충분히 지속해야 한다. 붓기와 열감 등이 사라지면 온찜질을 실시해야 하고, 이러한 온찜질은 혈액 순환을 도와 빠른 회복을 돕는다.

■■■ C (Compression)

손상 부위의 압박은 붓는 것을 억제한다. 다친 곳을 붕대 등을 이용하여 얼음찜질 전후에 압박해야 한다. 너무 강하게 해서는 안 되고, 불편함이 없는 수준의 압박이 좋다. 이때 다친 곳의 혈액의 흐름이 원활한지 살펴봐야 하고, 감각이 잘 전달되는 범위의 압박인지 살펴봐야 한다.

■■■ E (Elevation)

환부를 심장보다 높게 하는 것이 좋다. 혈액은 심장으로부터 뿜어져 나오기 때문에 가능한 환부를 심장보다 높게 하여 혈액이 몰리는 것을 피해야 한다. 거상을 통해 혈관의 압력을 낮춰서 부종을 줄일 수 있고, 염증반응을 감소시킬 수 있다.

●●호신술 강의 계획서

필자가 강의하는 대학의 강의 계획서이다. 호신술에 대한 사전 지식이 전혀 없는 학생들도 주 1회 16주의 교육을 마치면 어느 정도 자신을 보호할 수 있는 능력이 생긴다.

강의 계획서에서는 교수자의 의도가 담겨 있다. 필자가 운영하는 호신술 수업의 경우, 크게 2가지(유익함과 즐거움)를 강조한다.

강의 계획서는 양질의 교육을 위한 필수 도구이다. 좋은 설계도가 있어야 멋진 건축물이 완성되듯, 잘 만들어진 강의 계획서는 교육의 성과를 높인다. 강의 계획서는 운동처방의 원칙인 FITT (Frequency–빈도, Intensity–강도, Time–시간, Type–형태)를 고려하여 작성한다. 기초부터 시작해 점진적으로 난이도를 높이며 체계적으로 수련하도록 강의 계획을 구성한다. 수업의 특성과 수강생의 신체적 수준을 잘 파악해야 교수자와 학습자 모두 만족할만한 강의가 이루어진다. 수업의 목표와 방법, 구체적인 수업내용 등을 포함하여 작성한다.

강 의 계 획 서

OO대학교

교과목명	호신술	강의요일	O요일		담당교수	고 영 정 ㉑
학수번호		강의시간	오전 9시~11시 50분		정원	20명
학 점		강의실	OO체육관		평가유형	상대평가
개설학과		E-mail			휴대폰	

1. 수업개요

운동의 긍정적인 효과가 입증되면서 생활 속 운동이 강조되고 있다. 하지만 대학생들이 정기적인 운동시간을 만들어서 꾸준히 실행하기란 어려움이 많은 실정이다. 호신술 수업은 자기방어 기술을 체득하고 활기찬 대학생활에 도움을 주기 위한 수업이다. 더불어 운동에 대한 과학적 원리를 배우고, 학생들의 자기계발에 도움이 되는 생활 속 운동의 이해를 돕기 위한 수업이다.

2. 수업목표

호신술 교과목은 학생들에게 운동할 수 있는 장소와 기회를 제공하여 건강한 신체와 건전한 정신을 갖게 하는데 일차적인 목표가 있다. 일상생활에서 발생할 수 있는 다양한 위급상황에 대처할 수 있는 호신능력을 배양하여 자신감을 키운다. 운동의 기본 원리를 이해하여 활기찬 대학생활을 하는데 목표를 둔다.

3. 수업진행

기초체력 향상 및 호신술에 관한 이론 설명과 실기의 실습으로 이루어진다.

4. 평가방법 및 운영

- 실기능력과 수업 참여도, 출석 등을 상대성의 원칙에 따라 성적에 반영한다.
  1) 중간평가: 30%
  2) 기말평가: 30%
  3) 출석: 30% (지각, 조퇴 3회는 결석 1회)
  4) 수업자세 및 태도: 10%

5. 수업규정

  1) 수업에 적합한 도복이나 운동복을 입고 운동화를 착용
  2) 결석이나 지각 시 미리 연락하기를 권장
  3) 학과 공문이 발급 가능한 결석은 출석 인정, 질병이나 면접으로 인한 결석은 출석인정 불가
  4) 강의 계획은 수업 상황에 따라 변경가능

6. 교재 및 참고서적

  OO호신술

주	수업내용	주제	강의 방법
1주	수업 계획표 배부 및 강의 설명	오리엔테이션	이론
2주	호신능력 향상을 위한 트레이닝, 급소와 몸의 사용법(기본동작 7단계), 호신술의 기초와 원리, 손목 빼기(한 손, 양손빼기), 주먹 지르기 기초	기초 호신술	실기
3주	호신술의 기초와 원리, 주먹 기술의 이해와 실전 손기술, 손목 빼기, 낙법 연습, 잡고 발차기	호신술의 기본동작	실기
4주	목 조르기와 풀기, 급소 공격의 이해, 허리 사용법, 신체 부위의 사용법, 구르기와 낙법, 꺾기의 기본	호신술 감각 키우기	실기
5주	멱살, 소매, 띠, 목덜미 대처법, 스텝을 이용한 발차기, 발차기 방어, 무기술 실습과 방어(협응력), 밀고 당기기	의복술, 무기방어	실기
6주	무릎차기와 기본 발차기 훈련, 목을 조를 때, 헤드락, 어깨동무 이탈, 안았을 때	조르기 방어	실기
7주	기본 발차기 훈련 및 2인 1조 발차기(미트차기), 상황에 따른 대응방법 반복 숙달(머리카락, 위급 상황 우선순위 대처법)	위급상황 대처	실기
8주	중간고사(교육내용 평가)	중간고사	평가
9주	변형 발차기, 잡고 넘기기, 스텝으로 피하기(1:1 상황, 2:1 상황), 실전 응용 태권도 품새 풀이	발차기와 스텝	실기
10주	손기술 따른 다양한 공격방법(정권, 손날, 바탕손), 찌르기와 치기, 이탈과 도주법	상황별 호신술	실기
11주	맨몸 단련법, 체력 향상법, 실전 손기술과 방어, 2인 1조 미트 발차기와 주먹 지르기	실전 타격훈련	실기
12주	방어와 타격법(주먹과 발차기 방어), 잡기와 제압하기(멱살수, 손목수, 안면 타격방어)	호신술 연결동작	실기
13주	여성을 위한 호신술, 생활용품을 이용한 호신술, 체력 단련 및 조별 약속 호신술 연습	일상생활 호신술	실기
14주	태클과 방어, 장애물 낙법, 발차기의 이해	매트를 이용한 훈련	실기
15주	호신술 및 교육내용 정리, 총 연습	총연습	실기
16주	기말고사(강의내용 평가)	기말고사	평가